KASPAR APPENZELLER

DIE QUADRATUR DES ZIRKELS

DR. MED. KASPAR APPENZELLER

Die Quadratur des Zirkels

Ein Beitrag zur Menschenerkenntnis

1979

ZBINDEN VERLAG BASEL

Die Figuren zeichnete der Verfasser

Printed in Switzerland by Zbinden Druck und Verlag AG, Basel

ISBN 3-85989-387-4

INHALT

Vorrede

In drei Jahren ist es ein volles Jahrhundert, daß FERDINAND VON LINDEMANN die Transzendenz der Zahl π und damit die Unlösbarkeit der Quadratur des Zirkels bewiesen hat. Es liegt mir fern, an diesem Beweis zu zweifeln. Zwar ist es keine Seltenheit, daß jemand dies tat; immer wieder erschienen Schriften mit vermeintlichen Lösungen dieser Aufgabe. Autoren solcher Publikationen nennen die Amerikaner «the circle-squarers». Zu diesen gehöre ich nicht. Gerade die Unlösbarkeit dieser Aufgabe hat mich veranlaßt, dies Büchlein zu schreiben, denn die Unlösbarkeit im Bereiche des Zeitlichen ist ein Aspekt des Ewigen. Hier wird der Ort aufgesucht, wo das Zeitliche dem Ewigen begegnet. An diesem Ort, so wird gezeigt, ist jenes Unlösbare lösbar, und zwar in vollem Einklang mit EUKLID, dem Manne, von welchem die klassische Formulierung dieser Aufgabe stammt. – Niemand möge sich durch Zahlen und Formeln von der Lektüre dieses Büchleins abhalten lassen. Es wendet sich an alle Menschen.

St. Moritz, den 14. Januar 1979

Dr. Kaspar Appenzeller

DIE GEGENSÄTZE

1. Vom Unlösbaren

Führe durch Konstruktion mit Zirkel und Lineal einen gegebenen Kreis in ein flächengleiches Quadrat über. Um diese Aufgabe bemühten sich seit dem Altertum die mathematisch-geometrischen Denker, doch keinem von ihnen ist es je gelungen, sie zu lösen. Ein Unlösbares, dessen Lösung so einfach scheint, läßt dem nach Erkenntnis strebenden Menschen keine Ruhe – und so schwebte durch die Jahrhunderte etwas erregend Rätselhaftes, ja etwas Geheimnisvolles um diese Aufgabe, die man die Quadratur des Zirkels nennt, wobei Zirkel Kreis heißt. Erst am Ende des vorigen Jahrhunderts, nämlich im Jahre 1882, konnte durch F. LINDEMANN, aufbauend auf den unzähligen gedanklichen Vorarbeiten der Mathematiker aller Zeiten, der endgültige Beweis erbracht werden, daß diese Aufgabe mit einer begrenzten Anzahl von Schritten, d. h. im endlichen Bereich, unlösbar ist.

Woran liegt diese Unlösbarkeit? Sie liegt an der Unmöglichkeit, die Fläche eines Kreises im endlichen Bereich zu erfassen. Zur Bestimmung der Fläche F eines Kreises mit dem Radius r braucht man die Ludolf'sche Zahl π nach der Gleichung $F = r^2 \cdot \pi$. π aber ist eine irrationale Zahl (LAMBERT 1706), d. h. eine Zahl, die sich nicht in einem rationalen Bruch ausdrücken läßt, also etwa als $\frac{22}{7}$ oder $\frac{355}{113}$ (Beispiele für Annäherungswerte an π), und die somit, als Dezimalbruch ausgedrückt, eine Zahl ergibt, deren Stellenreihe nach dem Komma nie aufhört und auch keinerlei Periodik zeigt. Diese Tatsache nimmt man im allgemeinen ziemlich unbeteiligt zur Kenntnis. Versucht man sie jedoch sich konkret vor die Seele zu führen, so steht man vor einer Ungeheuerlichkeit. π, auf hundert Dezimalstellen genau ausgedrückt, lautet: π = 3,14159265358979323846264338327950288419716939937510582097494459230781640628620899862803482534211706 79... . Schon diese Zahlenfolge kann beeindrucken – aber sie ist für die Zahl π nur wie ein kurzer Augenblick, gemessen an der Ewigkeit. Jedoch, um zu ihr zu gelangen, brauchte es einige Jahrtausende der Entwicklung der Mathematik. – Blickt man in diese Zahl hinein, so sieht man in die Unendlichkeit. Damit gelangt man zu der Vorstellung des Irrationalen. Nun geht aber π in noch höhere, noch unfaßbarere Bereiche. Den Schlußstein in der Geschichte der Erkenntnis der Zahl π bildet der Beweis LINDEMANNS, welcher besagt, daß π nicht nur eine irrationale, sondern außerdem eine transzendente Zahl ist.* Die Transzendenz ist für den Mathematiker ein Bereich, der ihn aus der Unendlichkeit des Irrationalen in noch höhere Unendlichkeiten hineinführt. Das Irrationale läßt sich noch in algebraische Gleichungen einfangen, gleichsam in ein irdisches Haus – das Transzendente nicht mehr, es hat seine Heimat in anderen Welten.

π (Pi) ist die Zahl, die man erhält, wenn man den Umfang eines Kreises durch dessen Durchmesser teilt. Man kann z. B. mit einem Meßband Umfang und Durchmesser eines runden Tisches bestimmen, und den erhaltenen Wert des Umfanges durch denjenigen des Durchmessers teilen. Tut man dies, so erhält man bei genauer Messung, voraus-

* Bereits 1775 postulierte LEONHARD EULER die Transzendenz der Zahl π.

gesetzt, daß der Tisch mit einer genügenden Genauigkeit rund ist, eine Zahl von etwas mehr als 3,14. Diese Zahl ist, wie man sieht, ein Annäherungswert an π. Scheut man die Mühe nicht, das Meßband am Boden auszustrecken, um durch direkte Messung zu bestimmen, wievielemale das Maß des Durchmessers auf dem Umfang Platz hat, so wird man erst in wirklicher Anschaulichkeit auf die Zahl 3 und einen übrigbleibenden Rest kommen. Und bei genauer Messung wird man dann auch sehen können, daß der übriggebliebene Rest fast $\frac{1}{7}$ des Durchmessers ist. Diesen Vorgang illustriert Figur 1. Trägt man den Rest – R_1 in der Figur – auf einem

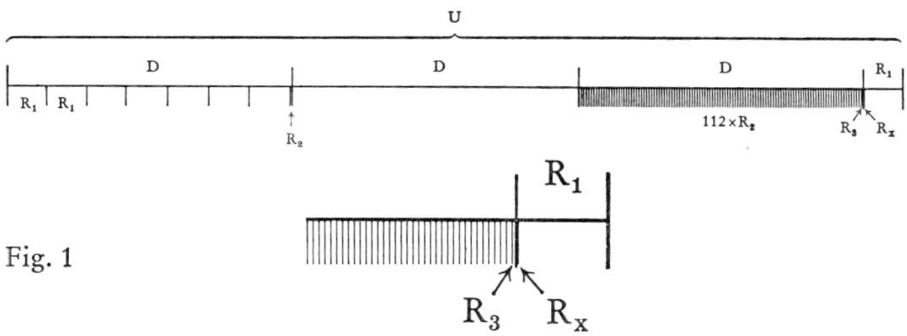

Fig. 1

der Durchmessermaße D ab, so kommt man auf 7, findet aber wieder einen Rest, R_2. Der Durchmesser hat somit rund $3\frac{1}{7}$ mal im Umfang U Platz; $3\frac{1}{7}$ ist dasselbe wie $\frac{22}{7}$ und ergibt als Dezimalbruch 3,1428.... Das wahre π ist etwas kleiner, denn ein Siebtel des Durchmessers ist ja etwas größer als R_1, und zwar um den siebten Teil von R_2. Somit ist $\frac{D}{7} = R_1 + \frac{R_2}{7}$. Bestimmt man nun noch – bei einem Umfang von genügender Größe dürfte das möglich sein – wievielemale R_2 in D Platz hat, so kommt man auf knapp 113; um einen winzigen Rest R_x überlappt das 113te R_2 den Durchmesser. Vernachlässigt man diesen Rest R_x (rund $\frac{1}{50}$ von R_2), so gilt: $R_2 = \frac{D}{113}$. Den siebten Teil von $\frac{1}{113}$ müßte man also R_1 zusetzen, um einen Siebtel des Durchmessers zu erhalten. Somit ist R_1 um den siebten Teil von $\frac{1}{113}$ kleiner als ein Siebtel des Durchmessers. Dies ergäbe: $\frac{U}{D} = 3 + \frac{1}{7} - \frac{1}{7 \cdot 113} = 3 + \frac{1}{7} - \frac{1}{791} = \frac{355}{113} = 3{,}141592920\ldots$. Damit hätten wir schon einen bis zur 6. Dezimalstelle richtigen Annäherungswert an π – allein, durch messen wird dieses Resultat kaum mehr zu erreichen sein. Es hört eben sehr bald die Möglichkeit zu messen auf, und der Versuch, $\frac{U}{D}$ auf diese Weise zu ermitteln, verliert sich im Unbestimmbaren – in der Winzigkeit der Meßstrecken und in der Mächtigkeit der Nennerwerte. Effektiv hat ja R_2 nur 112 mal im Durchmesser Platz; der übrigbleibende Rest wäre R_3. Nun müßte man auch diesen Rest auf dem Durchmesser abtragen... . Beginnt man zu ahnen und schließlich auf anderem Wege zu wissen*, daß auf den Rest R_3 ein weiterer folgen wird, und auf diesen wieder einer und auf jenen wieder einer und wieder einer, so steht man am Ufer der Unendlichkeit – man fühlt seine Ohnmacht einer Welt gegenüber, welche das Verhältnis, das wir zu erfassen suchen, und dem wir mit aller Anstrengung, mit Emsigkeit und Scharfsinn immer schneller und schneller nachrennen wollen, in ewiger Ruhe und in aller Einfachheit als Kreis vor uns hinstellt. Damit hat man begonnen, sich einem Weltengeheimnis zu nähern.

---

* Ist n_1 der ganzzahlige Anteil der Division $\frac{D}{R_1}$, n_2 der ganzzahlige Anteil der Division $\frac{D}{R_2}$ usf., so gilt: $\pi = 3 + \frac{1}{n_1} - \frac{1}{n_1 n_2} + \frac{1}{n_1 n_2 n_3} - \frac{1}{n_1 n_2 n_3 n_4} \cdots \pm \frac{1}{n_1 \rightarrow \infty!}$. In Zahlen heißt der Anfang dieser unendlichen Reihe: $\pi = 3 + \frac{1}{7} - \frac{1}{784} + \frac{1}{90160} - \frac{1}{14155120} + \frac{1}{5166618800} \ldots$, denn es ist $n_1 = 7$, $n_2 = 112$, $n_3 = 115$, $n_4 = 157$, $n_5 = 365$.

2. *Das Ringen um die Zahl* π

Verfolgt man die Geschichte von der Erkenntnis der Zahl π in die Vergangenheit, so kommt man bis in die alte Griechenzeit, bis ins dritte, vierte vorchristliche Jahrhundert. Was in noch älteren Urkunden über dieses Thema zu finden ist, trägt den Charakter vorgeschichtlichen Mysterienwissens. Übersetzt man die entsprechenden Stellen aus den babylonischen Tontafeln und den aegyptischen Papiri in die Sprache des Intellektes, so findet man ein auf etwa zwei Dezimalstellen genaues π; ähnliche, wenn nicht noch etwas genauere Werte ergibt das Übersetzen der entsprechenden Stellen im Alten Testament, wovon später noch die Rede sein wird. Mit solchen Feststellungen aber trifft man nicht den Kern jener alten Aussagen. In diesen lebt etwas ganz anders Geartetes, nämlich etwas von dem kosmischen Leben jenes Kreisverhältnisses, welches wir π nennen, und das, wie wir gesehen haben, ausgedrückt werden kann als *Kreisumfang geteilt durch den Kreisdurchmesser*, oder, was dem Resultat nach dasselbe ist, als: *Das Ausmessen des Umfanges eines Kreises mit dem Maß des Durchmessers.* In jenen Zusammenhängen, so ahnen wir, und können wir allmählich wiederum wissen lernen, erlebten Eingeweihte etwas von den Geheimnissen des Kosmos und deren Widerspiegelung im Menschen, im Mikrokosmos. Und was sie erfaßten in solchen Geheimnissen war ein Ganzes, ein Ewiges, nicht eine rationale Annäherung an ein Irrationales. Nicht aus äußeren Dokumenten, sondern aus der Geistesforschung RUDOLF STEINERS geht hervor, daß das Wissen um solche Geheimnisse Angelegenheit der Mysterien war und daß man dazu nur durch strenge Schulung und die Ausbildung hoher moralischer Kräfte gelangen konnte.

Einer der ersten und zugleich einer der bedeutendsten Mathematiker im späteren Sinne war ARCHIMEDES (ca. 287–212 vor Chr.). Sicher schien auch auf ihn noch das Licht der Mysterien, aber er lebte in jener Zeit, in welcher das individuelle Denken, der Scharfsinn, sich den Problemen des Seins zu bemächtigen begann. ARCHIMEDES' Methode zur Bestimmung von π wurde grundlegend für diese Aufgabe während zwei Jahrtausenden. Er ermittelte mathematisch die ersten zwei Dezimalstellen. Etwas später fand PTOLEMÄUS von Alexandrien (2. Jahrhundert vor Chr.) die dritte Dezimalstelle. Erst im 16. Jahrhundert errechnete der Holländer ADRIAAN ANTHONISZOON drei weitere Stellen, und damit begann die schrittweise Eroberung der Dezimalstellen von π durch die Jahrhunderte. 1593 errechnete der Franzose FRANCOIS VIETE wieder drei Stellen dazu, und im selben Jahr der Holländer ADRIAEN VAN ROOMAN weitere sechs, also bis zur 15. Stelle. Drei Jahre später ermittelte der Holländer LUDOLF VAN CEULEN π bis zur 32. Dezimalstelle, und es heißt, daß man noch drei weitere von ihm errechnete Stellen auf seinen Grabstein eingehauen habe. Seine Bemühungen um die Zahl π brachten ihm den Ruhm ein, daß man diese Zahl von nun an mit seinem Namen benannte. Ihre Benennung mit dem griechischen Buchstaben π erfolgte erst 1706 durch den Mathematiker JONES. Interessant ist, daß die Chinesen in jener stummen Zeit zwischen dem Griechentum und der beginnenden Neuzeit in der Erforschung von π den Denkern in unseren Landen voraus waren. Schon im 5. Jahrhundert vermochte TSU CHUNG CHI π mit einer Genauigkeit einzugrenzen, die bei uns erst im 16. Jahrhundert erreicht war. Seine Feststellung, in unsere Schreibweise übersetzt, hieß: $3{,}1415926 < \pi < 3{,}1415927$. Durch die weitere Entwicklung der Mathematik kam der Astronom ABRAHAM SHARP um 1700 auf 72 Stellen, JOHN MACHIN 1706 auf 100 und DE LAGNY 1717 auf 127 Stellen. Erst 1794 erreichte VEGA mit einer Methode von EULER 140 Dezimalstellen und zeigte auch einen bei LAGNY unterlaufenen Fehler an der 113. Stelle auf. 1824 publizierte WILLIAM RUTHERFORD 208 Stellen. 1844 aber erschienen von dem Mathematiker STRASSNITZKY und einem von ihm benützten Kopfrechengenie namens JOHANN MARTIN ZACHARIAS DASE die ersten 200 Stellen, wobei diese von der 153. Stelle an von den RUTHERFORD'schen abwichen. Aber DASES Zahlen wurden bestätigt durch eine 1847 erschienene Publikation von THOMAS CLAUSEN mit 248 Stellen. 1853 kam RUTHERFORD mit 440 Stellen und 1855 RICHTER mit 500. 1874 brachte WILLIAM SHANKS 707 Stellen heraus, 1946 aber erschienen durch FERGUSEN 620 Stellen, wobei sich herausstellte, daß die SHANKS'schen Zahlen von der 527. Stelle an falsch waren. FERGUSEN benützte einen Scheibenrechner; er publizierte im Januar 1947 weitere 90 Stellen und im September desselben Jahres noch einmal 98 dazu. Damit kannte man im Jahre 1947 die Zahl π auf 808 Dezimalstellen genau. Inzwischen aber war der Computer erfunden worden. Mit ihm wurden dann 1949 gleich über 2000 Stellen bestimmt und die SHANKS'schen 707 Stellen waren in 40 Sekunden ohne Fehler zu haben (Ausschreibung und Kontrolle nicht gerechnet). 1961 ermittelte man mit einem IBM-Computer 100'000 Stellen und 1967 mit einem CDC-Computer 500'000 Stellen, beides in Paris. Möglicherweise wurde auch dies letzte Resultat seither noch überboten. Und nun? Auf diesem Wege wird man die wahre Zahl π nie erreichen. Man könnte Millionen und Milliarden Stellen errechnen und alle Bücher der Welt mit Zahlen füllen – an ein Ende würde man nie kommen. Denn schon seit LAMBERT wissen wir: der Dezimalbruch von π ist unendlich.

Man kann sich fragen, weshalb sich die Menschen so um die Dezimalstellen dieser Zahl bemüht haben, die ja nie einen wirklich praktischen Wert haben, außer heute zur Testung der Computer. PETR BECKMANN spricht in seinem Buche «A history of π»*, dem die meisten der genannten geschichtlichen und vorgeschichtlichen Daten entnommen sind, von einer magischen Kraft, welche von dieser Zahl auf die Menschen ausgehe; er sieht aber zugleich in dieser Jagd nach Stellen – er nennt die um die Dezimalstellen von π bemühten Mathematiker «the digit hunters» – eine Art von Sport. Sicher ist vordergründig beides richtig. Das zutiefst in der Seele liegende Motiv aber, das den mathematisch denkenden Menschen zur Ermittlung dieser Zahl treibt, ist ein anderes. Es ist die Sehnsucht nach dem Ewigen, oder anders ausgedrückt das Bedürfnis, vom Erdenstandpunkt aus den Himmel zu verstehen. Dies tun wir nämlich, wenn wir mit dem Maß des Durchmessers den Kreis messen:

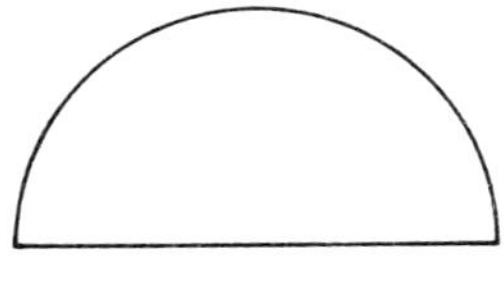

Fig. 2

der Durchmesser des Kreises ist, wie Figur 2 veranschaulicht, die Erde, der darüber gespannte Halbkreis der Him-

* Verlag The Golem Press, 1971, U. S. A.

mel, der Tageshimmel, dem gegenüber sich – wie hier, dem Auge unsichtbar – der Halbkreis des Nachthimmels spannt.

3. Kreisfläche und Quadratfläche

Aus all diesen Betrachtungen ergibt sich die Formel für die Berechnung des Kreisumfanges. Ist D der Durchmesser eines Kreises, so gilt für den Umfang U die Beziehung $U = D \cdot \pi$. Um nun auch die bereits genannte Formel für die Fläche eines Kreises durch Anschauung zum Verständnis zu bringen, sei hier eine immer wieder neue, aber sicherlich uralte Gedankenfolge angegeben, welche dazu dienen kann. Man denke sich einen Kreis durch Radien in n gleichgroße Teile eingeteilt entsprechend Fig. 3a. Nun nehme man

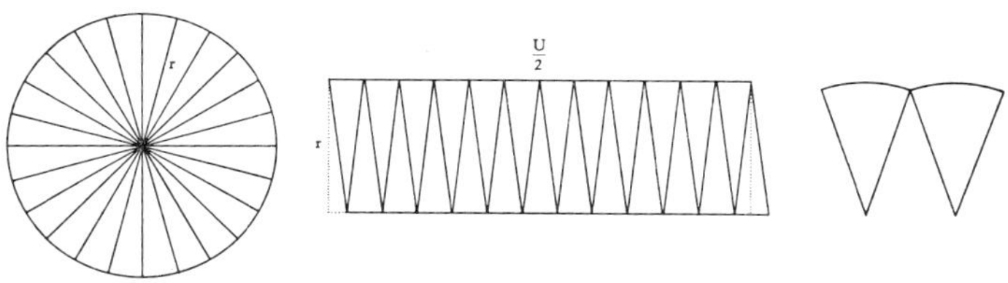

Fig. 3 a b c

den oberen Halbkreis im Sinne von Fig. 2 und strecke in Gedanken den Halbkreisbogen bestmöglich zu einer geraden Strecke aus; damit erhält man einen Kamm, dessen Zacken nach unten schauen. Dieselbe gedankliche Entfaltung vollziehe man auch mit dem unteren Halbkreis; hier wird ein Kamm entstehen, dessen Zacken nach oben schauen. Nun rufen diese beiden Kämme danach, ineinandergeschoben zu werden. Vollzieht man auch diesen Gedanken, so ergibt sich ein Gebilde entsprechend Fig. 3b (ausgezogene Linien). Nun muß man aber dabei bedenken, daß Kreissektoren eine gekrümmte Basis haben (siehe Figur 3c); deshalb wird ein Ausstrecken des Halbkreises im obigen Sinne nur wie bei einer Kette von lauter gebogenen Gliedern möglich sein. Je größer aber n ist, desto kleiner werden die Glieder dieser Kette; nie jedoch wird ein völliges Ausstrecken möglich sein, wenn n endlich ist. Ist aber n unendlich groß, so werden die Kreissektoren unendlich schmal, und die unendliche Schar ihrer Basen bilden beim Ausstrecken eine gerade Strecke. Figur 3b ist demnach eine schematische Verständnisskizze, denn bei gerader Deck- und Bodenlinie müßte diese Figur unendlich viele Zacken enthalten. Nun kann noch die halbe Zacke rechts außen in Gedanken weggenommen und links außen angelegt werden, daß das Gebilde rechtwinklig wird (punktierte Linien). Damit hat man die Kreisfläche in ein Rechteck verwandelt. Die Fläche dieses Rechtecks ist identisch mit der Kreisfläche und die Berechnung derselben wird uns die Formel für die Kreisfläche bringen. Die Höhe des Rechtecks ist bei unendlicher Schmalheit der Zacken gleich dem Radius r des Kreises und die Breite desselben ist gleich dem halben Umfang des Kreises, also $\frac{U}{2}$. Nun ist ja $U = D \cdot \pi$, somit kann als Maß für die Breite des Rechtecks eingesetzt werden $\frac{D \cdot \pi}{2}$; und weil der Durchmesser aus dem doppelten Radius r besteht, ist das Maß der Breite $\frac{2r \cdot \pi}{2} = r\,\pi$. Die Fläche des Rechtecks ergibt sich alsdann aus der Multiplikation der Höhe mit der Breite, und somit ist die Fläche F von Rechteck und Kreis: $F = r \cdot r\,\pi = r^2\,\pi$.

Nun könnte man für einen Moment vielleicht denken, daß die Quadratur des Zirkels doch zu erreichen sei, denn das erhaltene Rechteck ließe sich ja leicht in ein flächengleiches Quadrat verwandeln. Dies ginge sehr gut, hätten wir nicht den Begriff der Unendlichkeit gebraucht, um die Basiskrümmungen der Dreiecke gestreckt zu wissen. Nur auf dem Wege über die Unendlichkeit gelangt man zu diesem Rechteck. Bedenkt man dies, so kann man gerade hier die Undurchführbarkeit der Quadratur des Kreises im Endlichen unmittelbar erleben. – So unmöglich es im endlichen Bereich ist, die Fläche eines Kreises zu bestimmen, so leicht ist in diesem Bereiche die Flächenbestimmung eines Rechtecks oder eines Quadrates. Will man die Fläche F eines Quadrates bestimmen, so genügt es, dessen Seite a zu quadrieren. Diese einfache Gleichung heißt $F = a^2$.

An den Kreis kommt man ohne die Zahl π nicht heran. Diese Erkenntnis führt zu einer weiteren, die wir uns hier in aller Klarheit vor die Seele führen wollen. Will man von einer Kreisfläche zu einem flächengleichen Quadrat kommen, so geht der Weg über π; ebenso geht der Weg über π, wenn man von einem Quadrat zu einem flächengleichen Kreis gelangen will. Zwischen den flächengleichen Figuren Kreis und Quadrat steht π unumgänglich dazwischen, sie trennend durch ein rational, d. h. verstandesmäßig nicht faßbares Element. Ein Abgrund tut sich auf zwischen dem Quadrat und dem flächengleichen Kreis. Hier stehen wir vor dem mathematischen Ausdruck für den Abgrund, den der Mensch unserer Zeit zwischen sich und einer transzendenten Welt empfindet.

Einen solchen Abgrund kannte eine ältere Menschheit nicht. In sehr alten, weit vorgeschichtlichen Zeiten war der Mensch – dies ist ein Ergebnis der Geistesforschung RUDOLF STEINERS – noch nicht ein so selbständig denkendes, auf sich selbst gestelltes Wesen, wie heute, sondern ein mehr traumhaftes Wesen, ein Wesen, das sich gegenüber dem heutigen Menschen noch viel mehr als ein Glied der Natur fühlte. Die Gedanken jenes vorgeschichtlichen Menschen waren Abbilder des ihn umgebenden Naturgeschehens, das er von göttlich-geistigen Wesen durchwirkt empfand, und in das er sich eingebettet fühlte. Er erlebte das Geistige, auch wenn er äußerlich im Leibe war, in unmittelbarer, bildhafter Anschauung, und fühlte keinerlei Abgrund gegenüber dem, was wir die Unendlichkeit nennen. Er war in seiner Seele selbst noch ganz ein Bürger des Unendlichen und nahm dieses Unendliche traumhaft wahr, aber er war dafür noch nicht ein eigentlicher Bürger des Endlichen. Allmählich aber schwand ihm die Fähigkeit der geistigen Wahrnehmung; dafür lernte er seine körperlichen Sinne zu gebrauchen und erwarb sich stufenweise die Fähigkeit des Denkens bei hellem Tagesbewußtsein. Gegenüber der geistigen Welt jedoch tat sich nach und nach jener Abgrund auf, den der heutige Mensch so verzweifelt empfinden kann, wenn er sich seines Bürgertums bewußt wird, das er in beiden Welten hat, der physischen und der geistigen, und den er als unüberwindbar empfindet. So unüberwindbar steht für das rationale Bewußtsein zwischen Kreis und Quadrat die Zahl π.

4. Vom Quadrat und der Zahl vier

Fragen wir einmal ganz allgemein, und unabhängig von einer Flächengleichheit: Was spricht zu uns das Quadrat, was der Kreis? Wir empfinden beide als Urformen der

Welt und stehen daher zunächst vor einem Rätsel, daß sie sich in ihrer Einfachheit so fremd sind. Wir haben sie ja beide in uns selbst – wir können in ein Quadrat stehen als Menschen und ebenso in einen Kreis. Wir selbst haben damit sich fremd gegenüberstehende Elemente in uns, die sich aber ganz gut zu vertragen scheinen. Betrachten wir zunächst das Quadrat.

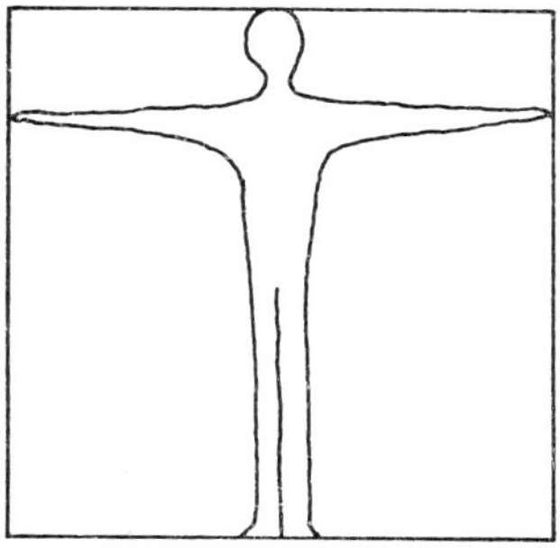

Fig. 4

Wenn der Mensch aufrecht steht und die Arme in Kreuzesstellung ausbreitet, so ist seine Körpergröße von Scheitel bis Sohle annähernd gleich seiner Spannweite, d. h dem Abstand von Fingerspitze zu Fingerspitze. Diese Wahrheit wurde von Leonardo da Vinci zeichnerisch festgehalten. Der Mensch kann also in ein Quadrat hineinstehen und dessen vier Seiten berühren (siehe Figur 4). Bei gesund gewachsenen Menschen ist die Übereinstimmung dieser zwei Maße oft auf den Zentimeter genau. Es ist nun aufschlußreich, sich zu vergegenwärtigen, daß der Mensch das Haus, in dem er wohnt, aus der Urform des rechtwinkligen Vierecks, von dem das Quadrat ein Sonderfall ist, geschaffen hat, ebenso das Bett, in dem er schläft, den Tisch, an dem er arbeitet, den Stuhl, auf dem er sitzt. Nicht umsonst wird der Winkel des Quadrates oder des Rechtecks ein «rechter» genannt, ist doch alles Irdische nach diesem Winkel *gerichtet;* es ist der Winkel, in dem wir uns auf Erden heimisch fühlen, den unser Haus und unsere Bäume mit der Erde bilden, und wir selbst, indem wir aufrecht stehen. Auch viele unserer Gebrauchsgegenstände haben in ihrer Konzeption den rechten Winkel. Und was tun wir, wenn wir etwa auf einem Schreibtisch die Dinge ordnen? Wir ordnen sie nach dem rechten Winkel – bis auf das vielleicht, was wir aus künstlerisch-ästhetischen Gesichtspunkten dazustellen. Vier rechte Winkel ergeben einen vollen, ergeben den Erdhorizont, den wir als viergliedrig empfinden, und den man von alters her eingeteilt hat in Norden, Süden, Osten, Westen.

Das Quadrat ist das Bild der Zahl vier. Man nähert sich ihm deshalb in dem Maße, als man die Zahl vier versteht. Sucht man auf der Erde nach der Zahl vier, so findet man sie gleichsam an allen Ecken und Enden. Vier ist die Zahl der Extremitäten der Wirbeltiere, die Zahl der menschlichen Gliedmaßen. Ein gut stehender Tisch hat vier Beine, ein gut stehender Stuhl ebenso; und wer sich vielleicht noch an einen dreibeinigen Klavierstuhl erinnert, weiß was gemeint ist. Die Vier gibt Stabilität und Festigkeit, und die viereckige Form der Quader- und Backsteine ist durch keine andere zu ersetzen. Auch die leibliche Statik des Menschen lebt in dieser Zahl; jede Extremität hat ihre Strecker und Beuger, und ihre Nach-innen-Beweger (Adduktoren) und Nach-außen-Beweger (Abduktoren) – dazu kommen Rotatoren, die Drehmuskeln, welche Schwung und Farbigkeit der Bewegung bringen und die menschliche Geste ermöglichen. So hat auch das Auge vier gerade, im Kreuz angeordnete Muskeln, deren Spiel durch Drehmuskeln zart modifiziert wird. Und schließlich ist der Hauptteil des Leibes, alle Knochen und Muskeln der Glieder und des Rückens, der Schultern und des Beckens, aus den würfelförmigen Ursegmenten, einer der ersten Differenzierungen des Menschenkeimlings, gebildet. Interessant ist auch, daß die Kuh, welche sich ja, besonders beim Verdauen, leiblich stark mit der Erde verbindet, einen viergliedrigen Magen hat. Und wenn man durch solches Beobachten allmählich merkt, daß das Erscheinen einer Zahl der Ausdruck einer ganz bestimmten Kraft ist, so wird man es vielleicht auch als richtig empfinden, daß die Milch der Kuh in vierfältigem Strahl entströmt.

Aber nicht nur im räumlichen Bereiche, den wir ja mit dem der Zahl vier verpflichteten rechtwinkligen Koordinatensystem zu erfassen suchen, sondern auch auf zeitlichem Felde lebt die Zahl vier. Man denke an die vier Jahreszeiten, die vier Tages- und Nachtzeiten, die vier Viertel einer Stunde und schließlich auch die vierjährige Periode der Schaltjahre. Auch die vier Mondphasen bestimmen unser Zeitgeschehen. Nach solchen Gesetzen ist auch die Entwicklung im Organischen gegliedert, wenn man etwa auf das Sprossen, das Blühen, das Fruchten und die Samenruhezeit der Pflanzen hinschaut, oder auf die Folge Ei – Raupe – Puppe – Schmetterling. Eine Schwangerschaft dauert 4 × 10 Wochen; und auch die Zahl 10 hat die 4 in sich, ist doch 1 + 2 + 3 + 4 = 10. Und blickt man endlich auf das Salz, das Kochsalz, das die ganze Erde und alle Weltmeere, unser Blut und alles organische Leben durchsetzt, so hat man eine Stofflichkeit vor sich, die ausschließlich in Kuben und Würfeln kristallisiert, die nur den rechten Winkel kennt. Man stelle sich diese, die ganze Welt durchwirkende Kubenbildekraft vor! Und steht der Mensch in der charakterisierten Kreuzesstellung, so steht er wie in einem Salzkristall. Ist es die Salzkraft in ihm, die ihm dieses Maß gibt? Der Christus sagt: «Ihr seid das Salz der Erde».

Überblickt man alle diese Vierheiten, so kann man die Vier die Zahl der Erde nennen. Vier Ströme gehen aus vom Garten des Paradieses und bewässern die Länder der Erde, vier Blutströme verbinden das Herz mit dem Leibe. Und im Schweiße seines Angesichts, heißt es in der Genesis, soll der Mensch sein Brot essen – durch die Arbeit seiner vier Glieder muß er sein Leben unterhalten, und das Essen wird ermöglicht durch die Vierheit der Zähne; es gibt vier Zähne von jeder Sorte, und außerdem ist der Zahn selbst von der Zahl vier geprägt. Oft blickt uns aus den Sätzen der Mysteriensprache ein Zahlenhaftes an. – Aber der Garten Eden, aus dem die vier Ströme kommen, ist nicht erdenhaft, genauso wenig wie vielleicht das Euter der Kuh, aus dem die vier Milchströme fließen. Die Erde aber wird gespiesen von den vier Strömen aus Eden, und die Milch ist Nahrung dem Erdenmenschen. Die Vier ist die Zahl der Erde, aber hinter diesem Aspekt muß noch ein höherer stehen.

*

Durch die Geisteswissenschaft RUDOLF STEINERS kann man erkennen lernen, daß die Wärme das Tor zum wahren Verständnis jeglicher Vierheit ist. Nie wird man die physische Welt, nie die Materie verstehen, wenn man nicht sich aufschwingt zum Verständnis der Erkenntnisse, die RUDOLF STEINER für die Menschheit errungen hat über die Uranfänge alles irdisch-physischen Seins. In seinem Buche «Die Geheimwissenschaft im Umriß» schildert RUDOLF STEINER, wie aus einem rein geistigen, göttlich-wesenhaften Urzustand die stoffliche Wärme entstanden ist, und wie in späteren Zeiträumen diese Wärme sich zu Gas verdichtet hat und noch später zu Wässerigem. Dies hat sich auf Weltenkörpern abgespielt, die viel älter sind als die Erde. Der erste dieser gewaltigen Planeten wird von RUDOLF STEINER als den alten Saturn bezeichnet, der zweite als die alte Sonne, der dritte als den alten Mond. Sie sind planetarische Vorfahren der Erde. Der alte Saturn war ein Wärmeleib. RUDOLF STEINER spricht von der Wärme als von einem feinen Stofflichen, das als vierter Aggregatzustand durch Verdünnung von Gasförmigem sich bilden kann und umgekehrt auf der alten Sonne einst durch Verdichtung zu Gas, auf dem alten Mond zu Wasser und auf der Erde schließlich zu fester Materie geworden ist. Vielleicht kommt die heutige Physik mit dem Begriff des Plasmas, dem heute anerkannten vierten Aggregatzustand, dem Wärmestoff der Geisteswissenschaft nahe. RUDOLF STEINER sprach im Jahre 1920 davon, daß die Wärme, die man ja sinnlich nur als Zustand des Festen, Flüssigen und Gasförmigen erlebt, z. B. im Blitz in Erscheinung trete.* Die moderne Physik sagt dasselbe von dem besonderen Zustand der Materie, den man Plasma nennt. Für die Geisteswissenschaft allerdings hat die Wärme noch eine andere Seite; sie weist darauf hin,

* Siehe RUDOLF STEINER, Geisteswissenschaftliche Impulse zur Entwicklung der Physik; Vortragszyklus, gehalten 1920 in Stuttgart. GA 321.

daß die physische Wärme den Übergang zur seelischen Wärme bildet und damit zum Übersinnlichen. Zwischen der physischen Wärme und der überphysisch-seelischen ist ein gleitender Übergang, ohne daß man jedoch sagen könnte, das Seelische sei verdünnte Materie. Das Seelische ist in einem vollständig anderen Bereich, einem wirklich übersinnlichen, berührt aber im Wärmeelement die Physis. Geisteswissenschaftlich ist der sogenannte Wärmeäther die unterste, die «dichteste» Stufe des Geistigen, und die physische Wärme die sublimste Form des Physischen. Während die Wärme auf der alten Sonne sich zu Gas verdichtete, verdünnte sich ihr übersinnlicher Teil zu dem Lichtäther. So entstand neben dem Wasser auf dem alten Mond der noch feinere chemische Äther, der auch Klangäther genannt wird, und auf der Erde neben dem Festen, dem physisch Dichtesten, der feinste Äther, der Lebensäther.

Anerkennt man die Wärme als die ursprünglichste Stofflichkeit und nicht das Gas, so steht das Feste auf der vierten Stufe der Verdichtung – und darüber wirkt und west der vierfache Weltenäther, alles stofflich-Organische durchkraftend und erhaltend. Und die Erde ist geisteswissenschaftlich auf der vierten Stufe ihres kosmisch-planetarischen Lebens. Sie ist ein lebendiger Organismus – und alles Gebirge an ihr und alles Felsige ist aus diesem Organismus heraus entstanden, wie aus dem tierischen und menschlichen Organismus die Knochen und die Zähne. Heute ist die Erde im Absterben begriffen, ist zu einem fast vollständig mineralischen Wesen geworden. Aber wir werden nie das Leben verstehen, wenn wir es als Ergebnis einer glücklichen Zusammenfügung lebloser, d. h. toter Materie im molekularen Bereich auffassen. Kein Festes, überhaupt kein Physisches, kann ohne Bewußtsein entstehen. Doch wo Bewußtsein ist, da ist in irgend einer Form auch Leben. Alles Mineralische ist Ausscheidung aus einem lebendigen Dasein. So ist auch die Entstehung des Raumes an ein wesenhaft-Lebendiges gebunden.

Den Wärmestoff muß man sich eigentlich als unräumlich, als dimensionslos vorstellen. Auch das Gas ist noch nicht im eigentlichen Sinne räumlich zu nennen, denn wo es ohne Begrenzung von außen auftritt, dehnt es sich aus und verliert sich. In seiner Art, sich zentrifugal-strahlig auszubreiten, ist es dem Licht verwandt, und erscheint durch diese Eigenschaft des Linienhaften als eindimensionale Entität. Und das Flüssige, auch es ist seinem Wesen nach nicht ein wirklich Räumliches, ist doch seine charakteristische Eigenschaft die Spiegel- und Niveaubildung, die Flächenbildung, das Zweidimensionale. Räumlich wird das Wasser nicht aus sich selbst, sondern durch Festes, welches es aufstaut. Sein Element ist die unendliche Fläche, die im Meer Bild wird. Dem Wesen nach dreidimensional ist nur das Feste, das mineralisch-Erdenhafte, wobei mit «erdenhaft» nicht das Tellurische gemeint ist, sondern alles mineralisch-Stoffliche im Kosmos, alles bis zur Erdenstufe Erschaffene. Damit verstehen wir RUDOLF STEINER, wenn er die Vier «die Zahl des Kosmos oder der Schöpfung» nennt.* Dies ist der höhere Aspekt, den wir brauchen, um das Wesen der Zahl vier zu verstehen. Eigentlich steht hinter dieser Wesenscharakterisierung RUDOLF STEINERS für die Zahl vier die ganze Anthroposophie, denn der zur Sophia sich

* Siehe RUDOLF STEINER, Okkulte Sinnbilder und Zeichen; Vortragszyklus, gehalten in Stuttgart vom 13.–16. September 1907.

emporarbeitende Anthropos der Erde ist eben ein in das Maß des Salzes hineinorganisiertes Wesen, und als solches der kosmisch Erschaffene. Die Kristallkraft des Salzes urständet im Kosmos, in der Sternenwelt. Wiederum ist es die Sprache der Mysterien, welche von dem Tierkreis als dem Vierteiligen spricht, dem Weltenkreuz; RUDOLF STEINER zeigt, wie der Tierkreis von der Vierheit wirklich ausgegangen ist, und wie jedem dieser vier wesenhaften Teile beidseits ein Begleiter zugesellt ward, wodurch der Kreis der Zwölfe sich vollendete. In der nächtlichen Sternenwelt sehen wir das sinnlich-übersinnliche Bild jener erhabenen, die Kräfte des Tierkreises nach höherer Ordnung tragenden Wesen.

Der Raum scheint also schrittweise entstanden zu sein. Den Anfang alles physischen Seins muß man sich raumlos vorstellen; der Wärmeleib des alten Saturn ist zunächst ein dimensionsloses Wesen. Allmählich aber beginnt ein Räumliches sich zu bilden, indem dann, besonders auf der alten Sonne, das Linienhafte, eindimensional-Räumliche in Erscheinung tritt. Aber das Erscheinen einer Dimension ist der Ausdruck eines Bewußtseinswandels. Wer die Entwicklung des Kindes beobachtet, kann erleben, wie das Bewußtsein des Oben – Unten, des Rechts – Links, das Vorne – Hinten schrittweise heranreift. Was aber das Kind in kurzer Zeit erobert, hat die auf jenen alten planetarischen Vorstufen der Erde sich heranentwickelnde Menschheit im Zusammenhang mit diesem planetarisch-Wesenhaften durch mächtige Zeiträume hindurch stufenweise errungen. Und weil jede dieser planetarischen Stufen dann, wenn ihre Entwicklung zu einer Vollendung kam, sich physisch auflöste, und sich aus geistigem Sein heraus ein neuer physischer

Planetenleib bildete, mußten auf der höheren Stufe jeweils alle alten Zustände in kurzer Zeit wiederholt werden, bevor ein neuer Bewußtseinszustand im Zusammenhang mit höheren physischen Bildungen errungen werden konnte. So hat auch die Erde eine Wiederholung des alten Saturnzustandes, des alten Sonnen- und des alten Mondenzustandes durchgemacht, bevor sie zu der Erde ward, die wir auf der Ebene der physischen Sinne erforschen können. Auf dem alten Mond konnte im Wesentlichen nur ein zweidimensionaler Raum herrschen, denn sein dichtester Zustand war das Flüssige, das sich höchstens bis zu horn- oder rindenharten Gebilden zu verfestigen vermochte. Erst die Erde ist wahrhaft räumlich. – Diese Art der Betrachtung des Raumes ist für die heute übliche Raumanschauung eine ungewöhnliche. Heute wird der Raum als etwas Abstraktes angeschaut. Man kann irgendwo in der Welt einen Punkt hinsetzen, und von diesem aus ein Koordinatensystem aufbauen. Wer aber durch Anthroposophie und besonders durch die in ihr gewachsene Eurythmie dem Wesen des Raumes näher kommt, muß jenen irgendwo durch ein Koordinatensystem gedachten Raum als etwas Unwirkliches ansehen. Wo urständet denn der wirkliche Raum?

Durch Rudolf Steiner lernen wir zu wissen, daß der Mensch nicht nur aus einem physischen Leib besteht, sondern daß er noch drei weitere, höhere «Leiber» an sich hat, die den physischen durchdringen. Dank unserem Ätherleib leben wir; auch die Tiere und die Pflanzen haben einen Ätherleib. Dank unserem Astralleib sind wir fühlende Wesen; auch die Tiere haben einen Astralleib. Das vierte Glied des Menschen ist sein Ich. Das Ich ist des Menschen Innerstes, sein geistiger Wesenskern. Kein anderes Wesen der vier Naturreiche hat in sich ein Ich. – Schrittweise ist der Mensch zu diesen vier Gliedern gekommen. Auf dem alten Saturn hatte er nur einen physischen Leib; dieser aber war gebildet aus keinem anderen Stoff als aus Wärme. Sein Bewußtsein war noch unter demjenigen, das wir im Tiefschlaf haben. Auf der Erde haben die Steine dieses Bewußtsein. Auf der alten Sonne kam zu dem physischen Leib der Ätherleib dazu, und jener Wärmeleib wurde pflanzenartig von durchlichteten Gasgebilden durchzogen, die sich zeitweise auch verdunkelten. Damals hatte der Mensch das Bewußtsein erlangt, welches wir im Tiefschlaf haben. Heute haben die Pflanzen dieses Bewußtsein. Auf dem alten Mond kam dann der Astralleib dazu, und dem Wärme–Luft-Wesen wurde das Wässerige einverleibt. Es hatte damals der Mensch einen Bewußtseinsgrad, der unserem Traumbewußtsein entspricht. Dieses Bewußtsein haben heute die Tiere. Erst das Eingliedern des Ich-Leibes in die drei übrigen Leibeswesen brachte dem Menschen im Erdendasein das wache Tagesbewußtsein. Dieses Bewußtsein hat kein anderes Erdenwesen.

Wenn wir nun die geschilderte Bewußtseinsentwicklung mit der Raumesentwicklung zusammenbringen, so sehen wir den dreidimensionalen Raum in dem Moment heraufkommen, in welchem das Ich-Bewußtsein entsteht. An dem physischen Leib entzündet sich der Geist zur wachen Ichheit und schafft durch ihn den Raum. Im Grunde genommen ist auf der Erde nur der Mensch wirklich raumschaffend. In Tier, Pflanze und Stein ist es in steigendem Maße ein göttlich-geistiges Bewußtsein, das raumschaffend wirkt. Und das Koordinatensystem ist nur vom Innern des Menschen ausgehend eine Realität, denn der Punkt, welcher dasselbe zusammenhält, ist das Geistige in ihm, sein Dimensionsloses, sein Ich. Der Wirkensbereich des Ich, sagt RUDOLF STEINER*, ist die Wärme.

Das Erkennen der Wärme führt zum Verständnis der Erde und des Kosmos und damit zu der Zahl vier. Die Reihe Punkt – Kreislinie – Kreisfläche – Kugel ist ein geometrischer Ausdruck der Raumwerdung vom Wärmesein bis zum Zustand des Festen, des kosmischen Erschaffenseins auf der Erdenstufe. Die Kugelgestalt durchsetzt den Weltenraum – und man versteht ihre Signatur besser, wenn man sich bewußt wird, daß in der Formel für die Kugeloberfläche die Zahl vier erscheint: $F = 4 \cdot r^2 \pi$. Die Kugelfläche ist die kleinste Fläche, welche deren Inhalt haben kann. Damit ist die Kugel geometrisch die dichteste denkbare Gestalt. Die Frucht am Weltenbaum droht abzufallen. Mit dem Auftreten von Ich und erdenhafter Physis tritt in der Weltentwicklung der Tod auf. Daher hat die Vier auch den Tod in sich, das Kreuz. Aber jede Frucht hat einen Samen. Dieser ist in der Menschenwesenheit das Ich. Das Ich ist ein geistig-kosmisches Wesen, und der physische Kosmos ist geisteswissenschaftlich durch diejenige göttliche Urkraft auf die Stufe des Festen, des Erdenhaften gekommen, von welcher das Ich ein Teil, ein Tropfen ist. Was vom Ich aus geschieht, ist Angelegenheit der Welt. Aus dem Samen des Ich kann ein neuer, starker Baum entstehen. Es kann der Mensch von seinem Ich aus seinen astralischen Leib, seine Trieb- und Leidenschaftsnatur umwandeln und aus ihr einen höheren Leib schaffen; so kann es auch mit

* Siehe RUDOLF STEINER, Eine okkulte Physiologie; Vortragszyklus, gehalten 1911 in Prag. GA 128.

dem Ätherleib geschehen, so mit dem physischen Leib. Damit ist die Vier der Ausdruck von dem Ende mit der Möglichkeit eines neuen Anfanges: Das Eine in der Vier schafft aus der niederen Dreiheit eine höhere und wird so zur Mitte einer künftigen Siebenheit. Noch herrschen im sichtbaren Bereiche die Kräfte von Niedergang und Tod. Das Erzeugen von Wärme aber, von Herzkräften in der Erkenntnis und in allem Tun, wird zum Keim für die Zukunft. Heute betrachtet man den Menschen als ein höheres Tier. Wird man einmal das Wesen der Wärme verstehen, so wird man erkennen, daß der Mensch durch seine vom Ich durchdrungene Wärmekraft sich vom Tier noch grundlegender unterscheidet, als das Tier sich von der Pflanze unterscheidet und die Pflanze von dem Stein. Und aus dieser Wärmeerkenntnis wird man wissen, daß das Leben ebensowenig aus Leblosem entstehen kann, wie der Mensch aus Tierischem. – Aus dem Vergessen des geistigen Feuers entstand das wesenlose Koordinatensystem und mit diesem das tote, mechanische Weltbild. Der Mensch vereinsamte. Das rechtwinklige Raster wurde immer enger und unausweichlicher; es begann scheinbar harmlos bei den Schulheften – heute verlangt der Computer, daß jeder Buchstabe in seinem Häuschen steht, jede Zahl in ihrem. In solchen Einzelverpackungen lebt heute der Mensch. Das Auto, das vierräderige Gehäuse, ist nur ein äußeres Beispiel, die seelischen sind beklemmender, todbringender. Es ist offenkundig: zur Fortbewegung braucht man Räder, Kreisförmiges, Gelenkkugeln – Schwungkräfte. Gehen wir über zur nächsten Betrachtung.

5. Vom Kreis

In ganz andere Bereiche führt die Betrachtung des Kreises. Der Kreis ist das Abbild des Alls. Wir erleben als sog. naive Realisten den blauen klaren Tageshimmel als eine Kuppel, eine Halbkugel, ebenso den sternenklaren Nachthimmel. Und indem in gewaltigen Kreisbewegungen der Tageshimmel in den Nachthimmel übergeht und der Nachthimmel in den Tageshimmel, empfinden wir die zwei Dome, die zwei Halbkugeln als Aspekte einer mächtigen Ganzheit. Aber es bleiben zunächst zwei Aspekte. Die Sternenweiten der Nacht erleben wir als ein unermeßliches Gewölbe; dieses geht in der Morgendämmerung über in den vom Sonnenlicht zusammengehaltenen, gleichsam überschaubaren Raum des Tages. Den Nachtraum empfinden wir kosmisch, den Tagesraum mehr irdisch. Wenn wir aber das Ineinanderübergehen dieser Räume betrachten, so sehen wir in der Morgendämmerung das Licht der Sonne zwar die Sterne überstrahlen, doch der Morgenstern trägt uns Sternenkraft bis tief in den Tag hinein; und wenn die Sonne untergeht, verkündet lange vor der Nacht der Abendstern die Gegenwart der Sternenwelt. Manchmal sogar durchwandert der Mond, der Regent der Nacht, den hellen Tag wie ein fernes Wölklein. Wir fühlen, daß die Gestirnswelt der Nacht wie als ein Ewiges auch den Tag durchkraftet. Und was dem Beobachter so zum Erlebnis werden kann, auch wenn er von der Astronomie nichts weiß, das bestätigt ihm schließlich das Experiment, denn aus der Tiefe eines Turmes sieht er auch bei Tag die Sterne. So gelangt der Mensch allmählich zu dem Bewußtsein des Weltensternenmeeres, das uns als eine unermeßliche Sphäre allseitig umgibt, und daß mit eingeschlossen ist in diese kosmische Sternensphäre der Sonnenraum des Erdentages. Es führt das Beobachten des kosmischen Lebens zum Bilde übereinander sich wölbender Sphären. Und wenn der Kosmos, der Himmel, und sei es auch nur aus einem seiner nächsten Gewölbe, der Erde sich mitteilt, so bilden sich konzentrische Kreise, Sphären, Rundungen. Man betrachte die sich bildenden Formen, wenn ein Regentropfen auf die glatte Oberfläche des Wassers fällt, man betrachte den alles Kantige der Erde einhüllenden Schnee, die rundende Kraft des schmelzenden und verzehrenden Feuers. Und bei tieferem Betrachten ist auch die Sphärenkraft von Blüte und Frucht ein Geschenk des Himmels, die Krone des Baumes, die Wellen im Kornfeld, die Kuppe des bewaldeten Hügels. Der Mensch macht sich diese Kraft dienstbar. Das Rad ist das Abbild der Sonne, das Bild des Himmels. Was sich mechanisch bewegt, zehrt von dieser Kraft.

Wer mit geisteswissenschaftlichen Gesichtspunkten Embryologie studiert, lernt zu wissen, daß die Eizelle, inmitten ihrer organischen Sphären ein Abbild der Welt, des Kosmos ist. Er begegnet der Notwendigkeit, die Eizelle im Zusammenhang zu betrachten mit den entferntesten Sternenkräften des Alls. Eine Eizelle aus den Erdenkräften erklären zu wollen, erscheint ihm so absurd, wie die Behauptung, ein Apfelkern könne ohne Apfel am Zweige des Apfelbaumes entstehen. Auch das kugelförmige Haus des Embryos ist ein Abbild des Sternenhimmels, ebenso der zum Kreise gebogene Embryo selbst, und wiederum dessen weitaus größter Teil, der Kopf. Der Mensch ist begabt mit diesen kosmischen Kräften; aus ihnen heraus bewegt er sich, bewegt sich sein Blut, sein Herz.

Nun kann man die eigentümliche Feststellung machen, daß beide Betrachtungen, diejenige des Quadrates und diejenige des Kreises in den Kosmos führen. Die Art und Weise, in welcher dies bei der Quadratbetrachtung geschieht, ist jedoch von derjenigen der Kreisbetrachtung verschieden. Die Quadratbetrachtung führt vom Geistigen des Kosmos bis zu dem Kosmischen auf der Erdenstufe, d. h. zum physischen Kosmos; die Kreisbetrachtung führt zu den geistigen Ur- und Bildekräften des physischen Kosmos, welche sich erst auf der Erdenstufe ganz mit dem Menschen verbinden wollen. In dem Moment, in welchem nun das Kreishafte dem Quadrathaften begegnet, blickt dieses jenem gleichsam von innen her entgegen. Das Quadrathafte, obwohl letztenendes gleichen Ursprungs, kann zu dem Kreishaften nicht mehr hin, denn es ist in den Raum getreten, wohingegen das Kreishafte sich auch jetzt außerhalb des Raumes hält. Zwischen Kreis und Quadrat ist ein Abgrund. Und kein Sterblicher wird je diesen Abgrund überwinden, wird je auf der Himmelsleiter der Zahl π vom Quadrat zum Kreis kommen. Nur ein Unsterblicher kann dies! Aber im Menschen ist das Unsterbliche. – Es ist erschütternd, wie im 15. Jahrhundert NICOLAUS CUSANUS den Beweis erbringt, daß man im Endlichen aus dem Vieleck nie zum Kreise kommen kann, auch wenn man die Eckenzahl noch so sehr erhöht; und wie ihm diese mathematische Erkenntnis auf philosophischem Felde beweist, daß der Mensch mit seinem Denken nie die Wahrheit wird erlangen können, nie in die geistige Welt wird eindringen können*. Und das Unsterbliche in ihm? Es entschwand in der Abenddämmerung der

* Siehe NICOLAI DE CUSA, De docta ignorantia, Liber primus.

natürlichen Geistverbundenheit aus dem Bewußtsein. Das Übersinnliche wurde zu etwas, von dem man auch bei größter Gelehrsamkeit nichts wissen kann. Aber man spürte noch mit Sicherheit seine Existenz. Diesem einstigen natürlichen Herzenswissen folgte ein sich mehr und mehr abkühlender Glaube, schließlich Spekulation und Unglaube. Rudolf Steiner lehrt einzusehen, daß die Menschheit durch diese geistige Finsternis hindurch mußte. Nur in der völligen Entgottung der Welt, nur in der Einsamkeit des Materialismus, wie ihn schließlich das 19. Jahrhundert grandios und konsequent hervorbrachte, konnte der Mensch zur Freiheit gelangen. Eine Kreuzigung des Geistigsten im Menschen, des Denkens, hatte sich vollzogen.

Der Mensch muß sein unsterbliches Wesen in sich selbst wiederum suchen. Die innere Sonne in ihm hat sich verdunkelt. Und es ist etwas Wunderbares, wie auf das Christuswort «Ihr seid das Salz der Erde» unmittelbar dieses andere folgt: «Ihr seid das Licht der Welt». Und dann wird zu den Menschen gesagt, sie sollten ihr Licht strahlen lassen, es nicht verdunkeln, nicht unter den Scheffel stellen. Wie aber in dem Hinweis auf das Salzsein des Menschen, sein starkes, zur inneren Freiheit führendes Erdensein angesprochen ist, so mit dem Hinweis auf das Lichtsein die ihm eingeborenen Himmelskräfte. Das Salz weist auf das Wesen des Quadrates hin, das Licht auf das Wesen des Kreises. Und derjenige – man bedenke, daß auf diese beiden Sätze in der Bergpredigt später das den Himmel und die Erde vereinende Gebet, das Vaterunser folgt – ist ein wahrer Mensch, welcher die damit angesprochenen Kräfte in sich durch Herzenswärme vereint.

Die Vereinigung der Gegensätze

1. Die Lösung der Quadratur des Zirkels

Blicken wir einmal als Zuschauer auf die Geburt und auf das, was sich gleich danach ereignet, so sehen wir, wie da die Quadratur des Kreises gleichsam aufgeführt wird: Das Kindlein kommt aus seinem kugelförmigen Haus und wird in ein viereckiges Bettchen gelegt. Und ist auch der Übergang etwas milder und das erste Bettlein vielleicht ein ovales Körbchen – jener Vorgang, der äußerlich die Signatur der Quadratur des Kreises trägt, wird sich vollziehen, denn er ist der Ausdruck dessen, was das Innerste des Menschen betrifft, des Überganges nämlich aus geistig-kosmischen Bereichen in das Erdendasein. Diese Signatur aber weist schon gleich zu Beginn auf ein erstes leises Sterben. Hier wirkt die Kraft des Mineralischwerdens im organisch-Lebendigen, die Kraft, welche das Widerlager bildet, an dem wir Bewußtsein entwickeln und an dem unser Denken sich entzündet. – Beim neugeborenen Kindlein sind die vier Glieder noch kugelhaft zusammengefaltet; sie treten erst im Erdenraum wirklich in Erscheinung. Wunderbar ist die Tatsache, daß in dem gefalteten Zustand das spätere Maß sich ausbilden kann; es ist, wie wenn das Maß erst gehört würde, bevor es durch das Instrument des Leibes zum Klingen gebracht wird. Ein solcher Klang soll durch die folgenden Seiten hörbar gemacht werden.

Nachdem der Verfasser durch Gedanken, wie die bisher angeführten, zur Gewißheit gekommen war, daß der Mensch in seinen Maßen die Quadratur des Zirkels verwirklichen müsse, machte er die folgende Entdeckung. Durch Messungen hatte er verifiziert, daß beim Menschen die Körpergröße mit geringen Abweichungen gleich der Spannweite ist, daß also der Mensch in Kreuzesstellung geometrisch mit Scheitel, Fußsohlen, linkem und rechtem

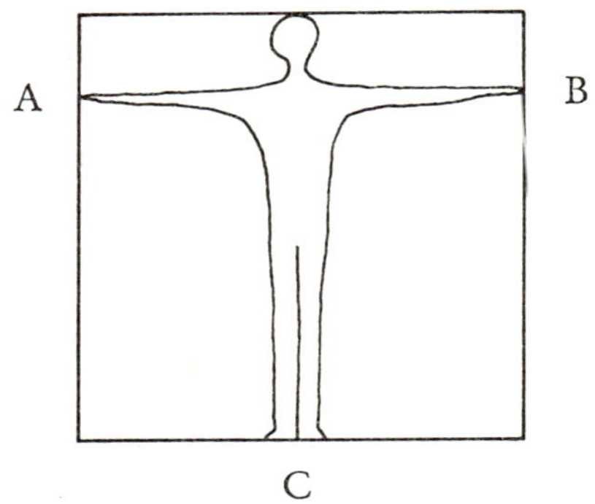

Fig. 5

Mittelfinger von innen die Seiten eines Quadrates berührt. Nun betrachtete er drei dieser Berührungspunkte genauer: den äußersten Punkt des linken Mittelfingers, den äußersten Punkt des rechten Mittelfingers und den Punkt zwischen den Füßen, d. h. die Mitte der Quadratbasis (siehe die Punkte ABC in Figur 5). Die Geometrie lehrt, daß durch drei Punkte in einer Ebene ein Kreis bestimmt ist. Somit war es klar, daß auch die genannten drei Punkte einen Kreis bestimmen (siehe Figur 6). Nun stellte sich heraus, daß der durch diese drei Punkte bestimmte Kreis flächengleich ist dem Quadrat, dessen Seiten der Mensch in Kreuzesstellung berührt. Steht also der Mensch in Kreuzesstellung, so bestimmt er nicht nur ein Quadrat, sondern zugleich einen diesem flächengleichen Kreis. Dies aber heißt, daß der Mensch in Wahrheit die Quadratur des Zirkels ist, daß er durch die Maße seines Leibes das Unendliche mit dem Endlichen, das Irrationale mit dem Rationalen vereint. Damit ist im leiblichen Bereich die Urfrage, das Rätsel aller Philosophie gelöst, nämlich die Frage nach einer Brücke

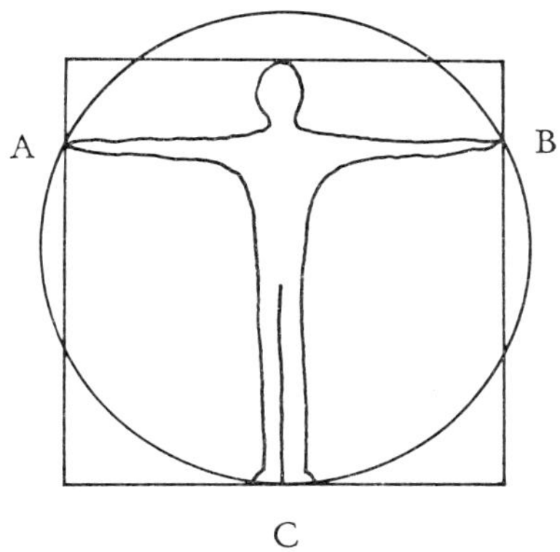

Fig. 6

zwischen Geist und Materie, Geist und Stoff. Der Mensch offenbart den Geist im Stofflichen und zeigt damit, daß dieses selbst eine Erscheinungsform des Geistes ist.

Eine Konsequenz dieser Tatsache ist nun die, daß π in den Körpermaßen enthalten sein muß. Das ist auch wirklich der Fall, und es gelang damals sogar auf Anhieb, aus der Gesamtkörpergröße H und der in Kreuzesstellung bestimmten Fingerspitzenhöhe h ein π von 3,146 herauszubekommen.

Um diese Rechnung auszuführen, muß man den Radius r des in Figur 6 gezeichneten Kreises kennen. Dies gelingt mit Hilfe des pythagoräischen Lehrsatzes in folgender Weise (siehe Figur 7):

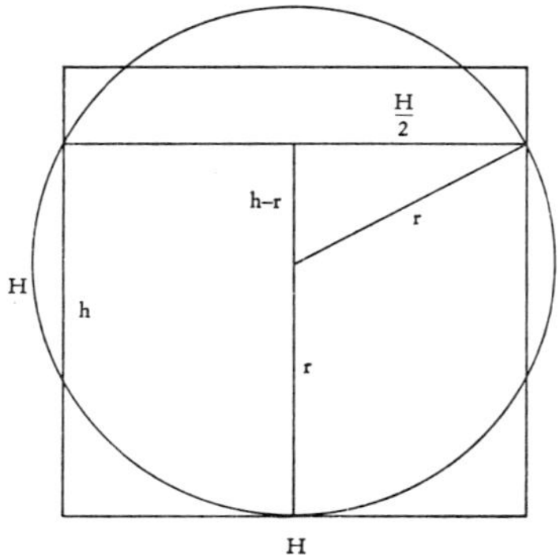

Fig. 7

$$r^2 = \left(\frac{H}{2}\right)^2 + (h-r)^2$$

$$r^2 = \frac{H^2}{4} + h^2 - 2hr + r^2$$

$$2hr = \frac{H^2}{4} + h^2$$

$$r = \frac{\frac{H^2}{4} + \frac{4h^2}{4}}{2h}$$

$$\boxed{r = \frac{H^2 + 4h^2}{8h}}$$

Nun gilt die Voraussetzung, daß die Fläche F des Kreises gleich der Fläche des Quadrates und damit gleich H^2 ist. Da nun $F = r^2 \cdot \pi$, ist auch $H^2 = r^2 \cdot \pi$. Somit erhält man die Formel

$$\pi = \frac{H^2}{r^2}$$

Will man π als Funktion von H und h darstellen, so kann man die erste der obigen Formeln in die zweite einsetzen und erhält dann:

$$\pi = \frac{H^2}{\left(\frac{H^2 + 4h^2}{8h}\right)^2}$$

und damit die interessante, wenn auch für praktische Zwecke wenig geeignete Formel

$$\boxed{\pi = \frac{64H^2h^2}{H^4 + 8H^2h^2 + 16h^4}}$$

Das Messen ist prinzipiell ganz einfach: ein Mensch stellt sich hin und ein anderer mißt. Allein, wer Körpermessungen ausführt, weiß, wie schwierig es ist, genaue Meßresultate zu fixieren. Man kann sich nämlich sowohl in der Körperhöhe als auch in der Distanz von Fingerspitze zu Fingerspitze überstrecken oder auch unterstrecken, d. h. zu kurz geben. Das Interessante ist nun, daß man die besten Meßresultate erzielt, wenn der zu Messende sich bemüht, man könnte sagen, einfach «als Mensch» sich hinzustellen. Was aber die Armhöhe betrifft, so wird man feststellen, daß es gar nicht so leicht ist, die Horizontale allein und ohne Hilfe von außen zu finden. Da kommt es darauf an, daß man sich ein Bewußtsein erwirbt von der Stellung der eigenen Glieder im Raum. Man muß gleichsam lernen mit den Gliedern zu hören. Letztlich ist es ein künstlerisches Element, welches die Arme die richtige Höhe finden läßt. Daher wird der im Sinne der Eurythmie künstlerisch frei in der Kreuzesstellung stehende Mensch am sichersten das Maß in der Welt sichtbar machen können, durch welches die Quadratur des Zirkels sich ereignet. Manches an Eigenheiten stört das Erscheinen dieses Maßes; durch die Kunst kann der Mensch zur Objektivität sich emporarbeiten, und damit auch zu diesem Maß gelangen, oder er hat es durch Unschuld.

Ist es nun wirklich unmöglich, die Quadratur des Zirkels mit Zirkel und Lineal zu bewerkstelligen? Ist nicht der aufrechte Leib ein Lineal, sind nicht die Arme und Beine Branchen eines Zirkels? Zirkel und Lineal sind dem Menschen abgeschaute Instrumente. Das Mathematische, das Geometrische lebt in unserem Leibe; eigentlich sind Mathematik und Geometrie gedanklich gewordene Leibesstrukturen, Körperklänge. Daher ist es tief berechtigt, zu sagen, daß der Mensch die Aufgabe, einen Kreis mit Hilfe von Zirkel und Lineal in ein Quadrat zu verwandeln, zu lösen imstande ist – nicht auf dem Papier, aber durch sich selbst als Mensch im Raum. Dies ist ein Beweis mehr dafür, daß der Mensch das Irrationale in seinem Wesen hat. Um dies zu wissen, braucht man ja allerdings diesen komplizierten Weg nicht; hat nicht schon das einfachste Gefühl einen irrationalen Aspekt, und erst recht irgend eine, auch nur die unbedeutendste Handlung? Wer nicht das Irrationale ins Auge faßt, oder sagen wir hier ruhig das Geistige, wird an den eigentlichen Menschen nicht herankommen. Ja, man kommt schon in irrationale Bereiche, wenn man nur versucht, einen Menschen auszumessen.

Man stelle sich einmal den ungeborenen Menschen vor, wie er – anthroposophisch erfaßt – als Sphärengestalt, aus kosmisch-geistigen Welten kommend, sich anschickt, mit einem im Physischen wachsenden Menschenkeim sich zu verbinden. Man sieht ihn gleichsam aus Unendlichkeiten heraus als Sphäre sich verdichten und ihm entgegenwachsen den viergliedrigen Erdenleib. Und dann kommt ein Moment, in welchem der sich verdichtende, verkleinernde Umkreis der von unten heraufwachsenden und sich vergrößernden Vierung, dem Quadrat des Erdenleibes, flächengleich wird. Dies ist ein Inkarnationsprozeß, den es gilt innerlich zu durchleben und in ihm jenen Moment des Sich-Begegnens und schließlich des Sich-Vereinens von Kreis und Quadrat abzufangen. – Wenn man mit den gestreckten Armen von oben seitlich herunter kommt zur Kreuzesstellung und letztere überschreitet, so hat man mit Sicherheit in einer Stellung der Arme die exakte Quadratur dargestellt. Beim

Herunterkommen der Arme verkleinert sich der die Fingerpunkte und den Fußpunkt umschreibende Kreis, wird in der Kreuzesstellung flächengleich dem Höhenquadrat des Leibes und beim weiteren Senken kleiner als dieses. Eurythmisch gesprochen bewegt man sich dabei in der Tonleiter, und die Quadratur ereignet sich beim Übergang von der Quinte zur Quarte. Von der Quarte nach unten überwiegt das Quadrat gegenüber dem Kreis, von der Quinte nach oben der Kreis gegenüber dem Quadrat. Durch erlebendes Üben vertieft sich die Anschauung der Quadratur des Kreises und man lernt zu sehen, daß man es bei ihr mit etwas zu tun hat, das im Physischen nie ist, sondern immerzu wird und vergeht, wie das «Jetzt», welches schon Vergangenheit ist, wenn man es ausgesprochen hat. Und dennoch ist es eingeschrieben in unserem Leib als ein dauernder Besitz, auch wenn wir es nie zur Darstellung bringen. Das Eingeschriebene ist Naturgabe, durch sie wird während des Lebens dauernd der Tod verhindert; das Dargestellte ist erarbeitetes Menschentum, das den Tod in Leben verwandelt.

2. *Von der Kreuzigung*

Die Quadratur des Zirkels ist eine Kreuzigung der Himmelskräfte im Erdenleib. Als in Urzeiten der Menschenleib, der Mikrokosmos, bis zur Erdenstufe erschaffen war, da drang in ihn ein der Odem – so sagt es die Genesis – «und also ward der Mensch eine lebendige Seele». Geisteswissenschaft bestätigt diese uralte Aussage. Nach ihr ist der Kern des Menschen, das Ich, ein Göttliches, das auf den

Schwingen des Atems in ihn eingezogen ist. Jeder Mensch trägt einen Tropfen aus dem Meere der Gottheit in sich. Dieses Bewußtsein ist uns heute verlorengegangen. Einst aber erlebte der Mensch dieses Göttlich-Geistige des Atems als etwas ganz Reales. In dem Maße nun, als der einstmals bildsame Erdenleib sich verdichtete, erwarb der Mensch aus seiner Geistigkeit die Kraft des Denkens. Er wurde ein individuelles Wesen. Mit diesem Selbständigwerden aber versiegte das Göttlich-Geistige in dem Strome des Atems. Während der Mensch vorher durch den Atem mit den geistigen Schöpfermächten vereint war, fand er sich jetzt auf sich selbst gestellt, und begann, sich auf der Erde umzusehen. Der Mensch wurde ein Erdenwesen. Die Erdenkräfte fesselten den Geist und allmählich vergaß der Mensch seinen göttlichen Ursprung. Der Tod wurde zur seelisch-schmerzlichen Realität. Noch eine lange Zeit bewahrten die Mysterien jene einstige Geistverbundenheit, und befruchteten durch ihre Weisheit wachend und lenkend den Gang der Menschheit. Dann aber, sagt RUDOLF STEINER, kam eine Zeit, in welcher auch die fortgeschrittendsten Menschenseelen jenen Zusammenhang mit den Urkräften verloren, und der Menschheit drohte zu dem leblichen Tod der seelisch-geistige. Da ereignete sich das Mysterium von Golgatha. Das, was für jede einzelne Seele drohend am Horizont ihres Daseins stand, das durchlitt jetzt die Weltenseele selbst, die göttliche Schöpfermacht des Urbeginns. Sie ging selbst durch den Tod hindurch, nachdem sie ganz Mensch geworden war, nachdem sie zu dem Punkte der völligen Geisteseinsamkeit gekommen war, die ausgedrückt ist in den Worten: «Eli, Eli, lama asabthani?» das ist: «Mein Gott, mein Gott, warum hast du mich verlassen?» Diesem größten aller Schmerzen aber entströmte die Kraft, welche den drohenden Untergang der Menschheit abzuwenden in der Lage war. Es war die Todüberwindekraft, die sich dem Erdensein einprägte. Aus Tod ward Leben.

Der Kreis, das Bild der Himmelskräfte, repräsentiert die Zahl eins, so wie im Bruchrechnen der Kreis eins ist, ein Ganzes. Somit ist die Vereinigung von Kreis und Quadrat arithmetisch die Vereinigung von 1 und 4. Dies ist der Mensch mit seinem die Eins repräsentierenden Haupt und seinen vier Gliedern. Und im Innern des Menschen schlägt dem von oben herunterströmenden Atem der Puls des Blutes entgegen. Auf einen Atemzug erfolgen vier Pulsschläge. So sehen wir auf physiologischer Ebene am Ende einer jeden Einatmung sich ereignen die Quadratur des Kreises. Der Atem geht ein in die Vierheit des Blutes; er wird gekreuzigt, auf daß der Leib lebe. – Ja, wir leben durch den Atem. Aber beginnt nicht mit dem ersten Atemzug bei der Geburt auch der Tod? Der Atem ermöglicht zwar das Leben, aber begrenzt er es nicht auch? Ist nicht der einst lebenspendende Atem, der die Geistverbundenheit sicherte und den Tod nicht aufkommen ließ, gerade zu dem Element geworden, das uns sterblich macht? Dies gilt für den alten Atem. Ein neuer Atem geht aus von dem Mysterium der Zeitenwende. Vor diesem Mysterium war es eine verzweifelte Wahrheit, wenn der Mensch sagte: Der Atem ist mehr und mehr gefangen von den Todeskräften der Erde; diese sind repräsentiert durch das Blut. Der Atem stirbt. – Doch es kam hernieder die Weltenseele selbst, und erschien aus kosmischem Sonnensein über dem Haupte eines Menschen, dessen Blut- und Atemleben emporgeläutert war. Sie erschien in dem geöffneten Himmel als eine weiße Taube, als ein Wesen, welches Atem und Herzschlag, Lungenflügelwesen und Herzensleib in einem ist. Und es senkte sich dieses heilige Geisteswesen in jenen im Jordan stehenden Menschen, vereinte sich in ihm mit den todgeweihten Erdenkräften und überwand nach drei Jahren in diesen den Tod. In aus Opferkraft geborener Schuldlosigkeit stellte sich der Mensch gewordene Sonnengeist in das Kreuz. Und die Todüberwindekraft, welche alsdann der Menschheit zufloß, wir ahnen, daß sie hervorgegangen ist aus dieser Weltenquadratur als ein geheiltes Blut, als ein befreiter Atem.

Die Quadratur des Zirkels ist der Ort, an welchem die Erde vom Himmel berührt wird. Ist die Erde innerlich so durchlichtet, daß sie bis zur Wärme sublimiert werden kann, so kann sie der Wärmekraft der geistigen Sonne begegnen. Dies ist geschehen. JOHANNES KEPLER ordnete den Würfel, den regulären Quadratkörper, dem Saturn zu, von dessen Wärmecharakter wir von RUDOLF STEINER hören. Die Quadratur des Zirkels ist das Bild für die Doppelnatur der Wärme, ihren physischen und ihren geistigen Aspekt. Dazwischen steht der Menschengeist. Im Blute erleben wir besonders die physische Wärme, im Atem besonders die seelische. Und ganz deutlich wird uns, wenn wir das wahrnehmen, daß es an uns selbst ist, das Gleichgewicht zwischen beiden Bereichen zu erringen. «Folget mir nach» sprach der Christus zu den zwei Menschen, die dann die ersten Jünger wurden; und gleich darauf berief er noch zwei andere, und auch diese folgten ihm nach. Um die Nachfolge geht es, um die Kreuzigung der Triebe und Leidenschaften des eigenen Blutes. Wir sehen Ihn, den Einen, den ersten vier Menschen begegnen, welche seine Jünger wurden. Schon der Beginn des Erlösungsweges zeigt die Signatur der Quadratur des Kreises. Und nachdem dieselbe sich in ihrer majestätischen Größe vollzogen hatte, zeugten von Ihm, dem Einen, die vier Evangelien.

3. Von dem Weg

Der Mensch durfte nach dem Ereignis der Zeitenwende den Weg wiederum antreten, der ihn zu seinem geistigen Ursprung zurückführt. Rudolf Steiner hat zu den sechs Menschenstellungen, welche im Anfange des 16. Jahrhunderts Agrippa von Nettesheim zeichnerisch dargestellt hat, Worte angegeben. Die erste Stellung zeigt den Menschen in Kreuzesstellung, und die Worte dazu von Rudolf Steiner heißen: «Ich denke die Rede». Dann folgt eine zweite Stellung – die Beine leicht voneinander, die Arme etwas gehoben, wobei die Verbindungslinie der Fingerspitzen durch den Kehlkopf geht – mit den Worten: «Ich rede». Die dritte Stellung zeigt den Menschen in Pentagrammstellung im Kreis, und ihre Worte lauten: «Ich habe geredet». Es sind diese drei Stellungen ein dreigliedriger Weg, der vom Quadrat zum Kreis hinführt. Ausgehend von dem Gedanken an das Wort im Kreuz, schreitend durch den Akt des Redens in einer Mittelstellung zur Darstellung der Menschenwesenheit, nachdem die Rede erfolgt ist, im Kreis. Es ist, als hätte man hier vor sich drei Stufen, die das Erdensein vollenden sollen. Dann folgen drei weitere Stellungen,von denen man sagen kann, daß sie in eine noch entferntere Zukunft weisen, auf planetarische Zustände, welche nach der Erde sein werden: «Ich suche mich im Geiste» – der Mensch mit gespreizten Beinen und oben gestreckt ausgebreiteten Armen, wobei die Fingerspitzen senkrecht über den Füßen stehen; «Ich fühle mich in mir» – dies ist die Stellung, welche in LEONARDO DA VINCIS Zeichnung der Mensch im Kreise einnimmt – die Beine gehen etwas zusammen, und die Arme senken sich, bis die Fingerspitzen mit dem Scheitel in einer Linie liegen; und der letzte Satz heißt: «Ich bin auf dem Wege zum Geiste, zu mir» – die Beine sind wieder geschlossen und die gestreckten Arme vereinen sich oben über dem Haupt. – Die Quadratur des Kreises ist eine Angelegenheit der Erde, und so kommen hier vor allem dier ersten drei Stellungen in Betracht: Der Mensch entwickelt sich von der Quadratstellung zur Kreisstellung, von der Vier zur Fünf. Die Eins verbindet sich mit der Vier und es entsteht die Fünf. Aber diese Fünf ist nicht ein Zusammengesetztes, sondern eine neue Einheit, ein Amalgam, ein neuer Mensch. «Ich habe geredet» – der neue Mensch ist geboren, aus dem Wort, dem Logos. – Man schaue auf das Quadrat mit dem Menschen in Kreuzesstellung und auf den Kreis mit dem Menschen im Pentagramm. Im ersten Bild sieht man ein Schwert, im zweiten einen Merkurstab. In der Zeitenwende geht nach der Geisteswissenschaft die Erde in ihrer Entwicklung hinüber von der Marsstufe zur Merkurstufe.

Stehen wir physisch in ein Pentagon oder Pentagramm, so ist der Radius von dessen Umkreis eine gute halbe Handlänge kleiner als der dem Höhenquadrat flächengleiche Kreis. Ein Bild dafür, daß wir über uns hinauswachsen müssen! Dann wird der Kreis der Quadratur zum Maß des im Pentagramm stehenden unsterblichen Leibes und damit zum Sinnbild der Auferstehung. Durch drei Punkte ist ein

Kreis bestimmt, durch drei besondere dieser. Die Drei ist in Wahrheit die Zahl des Himmels, des Göttlich-Geistigen. Der Kreis ist das irdische Abbild des Geistes, denn er ist durch die Drei bestimmt. Im Kreis wird die Drei zur Eins, so wie der Mensch auf Erden als Einheit erscheint, in Wahrheit aber, wie wir durch RUDOLF STEINER* erkennen lernen, ein dreigliedriges Wesen ist. So kann uns das Auffinden der Quadratur des Kreises in dem Leben der drei mikrokosmischen Punkte zur Aufforderung werden, das dreifältige Leben des Geistes zu suchen.

* Siehe RUDOLF STEINER, Von Seelenrätseln. GA 21.

Die Überwindung des Gegensätzlichen

1. Meßresultate

Daß die drei charakterisierten Punkte unserer Leiblichkeit nichts Starres sind, sondern Ausdruck einer lebendigen Wirksamkeit in uns, zeigen die Resultate der Messungen, welche der Verfasser bei Erwachsenen und Kindern verschiedener Altersstufen durchgeführt hat. Man muß sich dabei vergegenwärtigen, daß die Höhe des Armansatzes am Körper sich ergibt aus dem Verhältnis des Kopfes zum übrigen Körper. Dieses Verhältnis verändert sich während des ganzen Lebens. Die auffälligste Veränderung allerdings bringt die frühe Jugendzeit, denn beim Neugeborenen ist der Kopf ja viel größer in bezug auf den Körper als beim Erwachsenen. Es ist das Verhältnis des Kopfes zum übrigen Körper beim Neugeborenen wie 1:3 und sinkt dann langsam bis zum Erwachsensein auf 1:7. Das heißt, daß man beim Säugling das Kopfmaß etwa dreimal am übrigen Körper abtragen kann und beim Erwachsenen etwa siebenmal. Wenn man nun einen Säugling ausmißt, so findet man, daß erstaunlicherweise auch bei ihm die Gesamtkörperlänge annähernd gleich der Spannweite ist, d. h. dem Abstand von Fingerspitze zu Fingerspitze bei passiv in Kreuzesstellung ausgestreckten Armen. Will man jedoch beim Säugling mit den Fingerpunkten und dem Fußpunkt einen zu seinem Höhenquadrat flächengleichen Kreis markieren, so müssen die Ärmchen ein rechtes Stück nach oben gehalten werden. Der zum Höhenquadrat flächengleiche Kreis erscheint im frühen Kindesalter bei einer anderen Armstellung; man kann da somit von einer Quadratur des Kreises im eigentlichen Sinne noch gar nicht sprechen. Immerhin hält ja das kleine Kindlein die Ärmchen gerne nach oben und begibt sich damit naturgemäß in die Nähe jenes imaginären Kreises, dessen Quadratur in den Maßen seiner Arme lebt. – Mit dem Größerwerden des Kindes senken sich allmählich die beiden Fingerpunkte, welche, zusammen mit dem Fußpunkt, den dem Höhenquadrat flächengleichen Kreis bestimmen. Man sieht während der Kleinkinderzeit gleichsam die Arme herunterkommen und sich immer mehr und mehr der Horizontalen nähern. Im ersten Schuljahr waren z. B. von 69 Kindern 68 mit ihren Fingerpunkten des Quadraturkreises noch über der Horizontalen, und erst 1 Kind erreichte in diesem Sinne die Horizontale, d. h. die Kreuzesstellung. Im zweiten Schuljahr waren von 80 Kindern nur noch 59 über der Horizontalen und bereits 15 in ihr. Und im dritten Schuljahr war ungefähr die Hälfte der Kinder in der Horizontalen, währenddem im vierten Schuljahr die in der Horizontalen angekommenen Kinder weit in der Überzahl waren. In den folgenden Tabellen sind die Meßresultate zusammengefaßt.*

* Bei den Reihenuntersuchungen wurde zuerst die Höhe H des Kindes bestimmt. Dann wurde die der Höhe H entsprechende Höhe h_Q (h in Quadraturstellung) nach einer zu diesem Zweck erstellten Tabelle ermittelt und an einem Meßgerät eingestellt. Alsdann stellte sich das Kind hin, hielt die Arme in Horizontalstellung (wenn nötig, mit Hilfe des Untersuchers), und die Differenz zur Einstellung am Meßgerät wurde abgelesen. Eine Tabelle zur Bestimmung von h_Q bei bekanntem H findet sich auf den Seiten 75 bis 78.

Statistik über Messungen an 421 Schülern der ersten bis sechsten Primarklasse

Die Resultate der jeweils drei Parallelklassen und die Resultate der Hilfsklasse wurden zusammengenommen und gemeinsam verwertet. Die Messungen erfolgten an 13 Klassen, d. h. der gesamten Primarabteilung einer Schule mit 630 Schülern.

I. Meßresultate nach Klassen geordnet

Tabelle A

	Anzahl Schüler pro Klasse	Anzahl Schüler mit den Fingerpunkten des Quadraturkreises		
		unter der Horizontalen	in der Horizontalen	über der Horizontalen
1. Klasse	69	0	1	68
2. „	80	6	15	59
3. „	70	3	31	36
4. „	66	3	45	18
5. „	71	10	40	21
6. „	65	15	32	18

		Die obigen Zahlen entsprechen rund:		
1. Klasse	69	0 %	1 %	99 %
2. „	80	7 %	19 %	74 %
3. „	70	4 %	44 %	52 %
4. „	66	4 %	68 %	28 %
5. „	71	14 %	56 %	30 %
6. „	65	23 %	49 %	28 %

1. Klasse	69	1 %	99 %
2. „	80	26 %	74 %
3. „	70	48 %	52 %
4. „	66	72 %	28 %
5. „	71	70 %	30 %
6. „	65	72 %	28 %

Tabelle B

	Durchschnittliche Abweichung der Fingerpunkte des Quadraturkreises in cm		Maximale Abweichung in cm	
	unter die Horizontale	über die Horizontale	unter die Horizontale	über die Horizontale
1. Klasse	–	2	–	7 (ein Schüler)
2. „	1	1,5	1,5	2,5
3. „	1	1,3	1	4
4. „	0,8	1,4	1	3
5. „	1,2	1,5	3	4
6. „	1	1,5	2	2

Tabelle C

Bei der Untersuchung waren von der

1. Klasse	7	Schüler	6	jährig	10 %
	59	„	7	„	86 %
	3	„	8	„	4 %
	69				
2. Klasse	4	Schüler	7	jährig	5 %
	55	„	8	„	69 %
	20	„	9	„	25 %
	1	„	10	„	1 %
	80				
3. Klasse	53	Schüler	9	jährig	76 %
	16	„	10	„	23 %
	1	„	11	„	1 %
	70				
4. Klasse	50	Schüler	10	jährig	77 %
	15	„	11	„	23 %
	66				
5. Klasse	40	Schüler	11	jährig	56 %
	29	„	12	„	41 %
	2	„	13	„	3 %
	71				
6. Klasse	36	Schüler	12	jährig	56 %
	23	„	13	„	35 %
	6	„	14	„	9 %
	65				

II. Meßresultate nach dem Alter geordnet

Alter des Schülers	Anzahl Schüler mit den Fingerpunkten des Quadraturkreises unter der Horizontalen	in der Horizontalen	über der Horizontalen
6 Jahre	0	0	**7**
7 Jahre	1	1	**62**
8 Jahre	4	7	**45**
9 Jahre	3	30	**41**
10 Jahre	5	**42**	20
11 Jahre	3	**32**	21
12 Jahre	13	**37**	17
13 Jahre	5	**12**	7
14 Jahre	**3**	2	1

Aus diesen Zahlen sieht man, wie bereits besprochen, daß das Quadraturmaß der Arme in der ersten Klasse noch bei fast allen Kindern über der Horizontalen liegt, und daß es bei den meisten Kindern spätestens in der vierten Klasse in die Horizontale eintritt. Im ersten Block von Tabelle A sieht man, wie die gegenläufigen Zahlen der mittleren und rechten Kolonne sich auf Höhe der dritten Klasse begegnen. Dort ist der Moment sichtbar, in welchem die Kinder mit den bereits erreichten Horizontalmaßen mit denjenigen sich die Waage halten, deren Maße noch über der Horizontalen liegen; auf der Höhe der vierten Klasse überwiegt dann stark das Horizontalmaß. Die anschließend folgenden Prozentzahlen sind deshalb zusätzlich interessant, da sie einen exakten Vergleich der Gruppengrößen zulassen; ein solcher ist bei den ersten Kolonnen wegen der Ungleichheit der Klassengrößen nur annähernd möglich. Die Zusammenziehung der zwei ersten Prozentkolonnen dient zum klareren Vergleich derjenigen Gruppen, welche die Horizontale erreicht oder durchwandert haben, gegenüber denjenigen, die noch über ihr sind. Interessant ist auch die Signatur der sechsten Klasse, in welcher etwa die Hälfte der Schüler in der Horizontalen liegt, und die andere Hälfte etwa zu gleichen Teilen über und unter ihr. Einige der untersuchten Kinder kommen nur allmählich, gleichsam zögernd an diesen Punkt, andere greifen schon früh kräftig unter ihn; im Kollektiv hat man das Gefühl von einer Waage, die sich einpendelt. Aus Tabelle B geht hervor, daß die Abweichung von der Horizontalen, die «Pendelausschläge» des Inkarnationsinstrumentes, von der zweiten Klasse an ziemlich unabhängig vom Alter des Kindes sind. In die erste Klasse sieht man zuweilen noch hineinleuchten die lichten Maße des Kleinkindes. – In Tabelle C sind die Klassen nach Lebensaltern aufgeführt. Man muß sich klar sein, daß alle diese Tabellenbilder Momentaufnahmen sind von etwas, was im Leben sehr stark fluktuiert; sie müssen daher, dies gilt besonders für die zwei jetzt noch zu besprechenden, gleichsam lebendig vorgestellt werden. Aus den Zahlen von Tabelle C geht hervor, daß die meisten Erstkläßler siebenjährig, die meisten Zweitkläßler achtjährig, die meisten Drittkläßler neunjährig usw. sind. Aber man findet z. B. erstaunlich viel Neunjährige in der zweiten Klasse, nämlich 25 %; hier hat man eine mögliche Erklärung für die relativ hohe Zahl der Kinder mit dem Horizontalmaß in der zweiten Klasse (Tabelle A), die einem auffallen kann. Tabelle C zeigt auch, daß diese sechs Primarklassen Schüler von neun Jahrgängen haben, daß unten noch Sechsjährige und oben schon Dreizehn- und Vierzehnjährige dabei sind. Dadurch ist der Übergang nach unten und nach oben ein gleitender. Dies wird noch deutlicher in der letzten Tabelle, in welcher die Meßresultate nach dem Alter der Schüler geordnet sind. Hier sieht man die Zahlen nach unten und nach oben gleichsam verschwinden, wie wenn eine Schar Kinder vorbeizöge, von der Kleinkinderzeit durch die Schule in die Jünglings- und Jungfrauenzeit hinein, deren Entwicklung man beobachtet. Und es ist dabei besonders gut zu sehen, wie die Zahl für die größte Gruppe einer Altersstufe (Fettdruck) bei den Neunjährigen noch in der Kolonne der Kinder mit dem Quadraturmaß über der Horizontalen steht, und bei den Zehnjährigen dann in die mittlere Kolonne, in diejenige der Horizontalmaßträger wechselt, und dort während längerer Zeit verharrt. Das terminale Hinüberwechseln nach der Kolonne der Jugendlichen mit dem tiefen Quadraturmaß, ist bei der geringen Anzahl der Vierzehnjährigen nicht sicher verwertbar. Es ist aber durchaus möglich, daß die Kurve bei einem Weiterführen dieser Tabelle nach der linken Seite abweichen würde, um dann wieder zur Mitte zurückzufinden. Die vorliegenden Maße geben keine Auskunft darüber, ob die meisten Kinder während ihrer Entwicklung in den Bereich unter der Horizontalen eindringen, oder ob dies nur gelegentlich geschieht. Wie es in jenen Fällen weitergeht, ist vorläufig nicht zu entscheiden. Es ist durchaus möglich, daß ein nochmaliges Überschwingen der Horizontalen erfolgt und diese dann schließlich durch Einpendeln gefunden wird. Daß sie gefunden wird, ist sicher.

2. *Inkarnation und Exkarnation*

Das Untersuchungsergebnis, nach welchem in überwiegender Mehrzahl die ausgemessenen Kinder zwischen dem neunten und zehnten Jahr mit ihrem Quadraturmaß die Horizontale erreicht haben, war die Bestätigung dessen, was der Verfasser vor diesen Erhebungen aus dem Studium der anthroposophischen Menschenkunde heraus erwartete. Er hatte damals nur sechs- bis siebenjährige Kinder untersucht gehabt und an diesen jene wunderbare Hochstellung der Arme beobachten können. Die Frage war nun: Wann erreicht das Kind mit seinem Quadraturmaß die Horizontale? Dies konnte nur die Zeit um das neunte, zehnte Jahr herum sein, denn das Erreichen der Horizontalstellung war wie ein Bild für die Umwandlung des Kindes in eben diesen Jahren, auf welche RUDOLF STEINER in manchem Vortrag vor Lehrern hingewiesen hat. Damit hat die Untersuchung der Kinder dieser einen Schule etwas Allgemeingültiges bestätigt und kann somit vielleicht auch als repräsentativ für andere Schulen gelten. RUDOLF STEINER spricht von der Zeit um das neunte, zehnte Lebensjahr herum als von einer außerordentlich wichtigen für die Entwicklung des Kindes. In kurzen Worten sei hier versucht, etwas von dem zu charakterisieren, was RUDOLF STEINER über diesen Entwicklungsmoment sagt.* In dieser Zeit nämlich, sagt RUDOLF STEINER, macht das Kind eine bedeutsame Veränderung seines Wesens durch; da beginnt es, sich mehr und mehr von seiner Umgebung zu unterscheiden und allmählich zu spüren, daß

* Siehe RUDOLF STEINER, Gegenwärtiges Geistesleben und Erziehung; Vortragszyklus, gehalten 1923 in Ilkley (Yorkshire). GA 307.

es selbst jemand ist, daß es ein Ich ist. Bevor dieser Umschwung eintritt, lebt das Kind in einer Bilderwelt, in welcher alle Dinge, auch die für uns leblosen, leben, und zu einem einheitlichen, allgemeinen Weltenleben vereint erscheinen, mit dem auch das Kind sich eins fühlt. Um das neunte, zehnte Lebensjahr nun – bei dem einen Kinde ist es etwas früher, bei dem anderen etwas später – beginnt das Kind seine Umgebung in einer neuen Weise wahrzunehmen und eigentlich erstmals zu beurteilen; damit wird es allmählich reif für den Gebrauch seines Intellektes. Was hier an dem seelischen Verhalten des Kindes erlebt werden kann, und was sich bei intimem Beobachten oft wie eine Krisis ausnimmt, indem das Kind zurückgezogener, verletzlicher wird, und aus seinen Augen die Antwort-ersehnende Frage nach dem Rätsel der Welt spricht, das wird nun, wenn wir jetzt wieder auf unsere Betrachtungen zurückkommen, in dem Maß der Quadratur des Gliedmaßenkreises in der Kreuzesstellung, wie in einem Bilde, bis in die Physis hinein sichtbar.

Wenn man solche Messungen durchführt, bekommt man den Eindruck, daß das Erwerben dieses den Himmel und die Erde verbindenden Maßes ein ganz individueller Vorgang ist. Man muß erlebt haben, wie verschieden die Kinder sich hinstellen, und wie es ihnen, gerade in der dritten, vierten Klasse, seelisch oft gar nicht so leicht fällt, mit ihren Gliedern die Kreuzesstellung einzunehmen, ja wie sie manchmal eine gewisse Scheu haben, dies zu tun. Man dringt hier in etwas Persönliches ein, in ein Geschehen, dessen sich das Kind nicht bewußt ist, das es aber fühlt und natürlicherweise nicht zur Schau stellen möchte. Es wird eben in dieser Stellung gleichsam äußerlich sichtbar der intime Vorgang der Inkarnation; man erlebt im Bereiche der Körperproportionen den leiblichen Ausdruck des Findens eines Menschen von sich selbst. Aber der Erzieher und der Arzt haben andere Möglichkeiten, um jenen seelisch-leiblichen Umschwung im Kinde zu erkennen – auf Messungen ist man nicht angewiesen. Jene anderen Möglichkeiten sind auch solche, bei denen der Prozeß des Erkennens selbst schon eine menschliche Hilfe für das Kind sein kann. Zum Erkennen dieses wichtigen Momentes sollte also eine solche Messung niemals dienen. Ihre Ausführung kann bis zur Pubertät lediglich aus medizinisch-diagnostischen Gründen sinnvoll sein.

Aus all diesen Beobachtungen kommt man zu der Überzeugung, daß dieser Moment des inneren Umbruchs einer Kinderseele und das Phänomen des Eintretens der Quadraturmaße in die Horizontale, nicht nur äußerlich zusammenfallen, sondern wirklich zusammengehören, indem das physische Maß Ausdruck dessen ist, was im Inneren seelisch sich vollzieht. Und man wird sich sagen, daß das Einwirken auf die Seele eines Kindes bis in die Struktur des Leibes eine Wirkung haben muß. Wenn man jetzt auf dasjenige hinblickt, was Rudolf Steiner über einen den Entwicklungsstufen des Kindes angepaßten Religionsunterricht sagt, so sieht man das dort Gesagte der hier aufgezeigten physiologischen Tatsache intim begegnen. Rudolf Steiner sagt, daß man das Kind vor dem neunten, zehnten Lebensjahr hinführen soll zu dem Erfassen der allgemeinen Göttlichkeit der ganzen Welt, und erst vom neunten, zehnten Lebensjahr an ihm sprechen soll von dem Mysterium von Golgatha. Im Sinne des hier Dargestellten sieht man, wie die Arme des Kindes zuerst nach oben weisen, und um das neunte, zehnte Jahr herunterkommen in die Kreuzesstellung; damit bildet sich erst das Organ, durch welches der heranwachsende Mensch dasjenige in sich aufzunehmen in der Lage ist, was dann später in ihm heranreifen kann zu dem Impuls, sich mit dem christlichen Geiste zu verbinden.

Die beschriebene Veränderung der Körpermaße um das neunte, zehnte Lebensjahr herum ist der äußere Ausdruck eines inneren physiologischen Umwandlungsprozesses, auf welchen RUDOLF STEINER hinweist. Dieser Hinweis bringt eine weitere Vertiefung des hier Dargestellten. RUDOLF STEINER schildert, wie das kleine Kind mehr vom Nerven-Sinnes-System, vom Kopfe her bestimmt ist, dagegen der Erwachsene mehr von der Stoffwechselseite her, und wie im schulpflichtigen Alter, d. h. in der Zeit zwischen dem Zahnwechsel und der Geschlechtsreife die Tätigkeit des sog. rhythmischen Systems im Vordergrund steht. Nun zeigt RUDOLF STEINER, daß bei dem Kinde vor dem neunten, zehnten Lebensjahr die Atmung prädominiert, und daß um dieses neunte, zehnte Lebensjahr herum durch ein innerliches Kämpfen im Organismus sich eine Art von Harmonie herausstellt zwischen dem Pulsschlag und den Atemzügen, und wie dann schließlich nach dieser Zeit die Blutzirkulation gegenüber der Atmung prädominierend wird. Und RUDOLF STEINER sagt weiter dazu, daß gerade in der Zeit um das neunte, zehnte Jahr das Kind viel stärker als vorher für das Musikalische und für das Rhythmische empfänglich wird.* – Diese geisteswissenschaftliche Tatsache, welche wie alles, was wahre Geisteswissenschaft hervorbringt, sich

* Siehe RUDOLF STEINER, Die pädagogische Praxis vom Gesichtspunkte geisteswissenschaftlicher Menschenerkenntnis; ein Vortragszyklus, gehalten 1923 in Dornach. Troxler Verlag, Bern 1956.

am Leben unmittelbar bestätigt, wird illustriert durch das in jenen Jahren sich verändernde Bild von Kreis und Quadrat. Vor dem neunten, zehnten Lebensjahr, wenn also die Quadraturpunkte der Arme noch über der Horizontalen stehen, lebt das Kind noch in jenem Bereich, in welchem für den Erwachsenen der Gliedmaßenkreis größer ist als das Höhenquadrat. In diesem zarten Schulalter prädominiert noch das Sphärische, der Atem, und das Musikalische wirkt noch mehr leiblich gestaltend, als seelisch ergreifend. In dieser Zeit hat das Kind noch rundere Formen, und noch wie einen letzten Rest urbildlichen Himmelseins trägt es hinein in die Schulstube. Dann kommt die Zeit der wahren Quadratur, der Flächengleichheit von Gliedmaßenkreis und Höhenquadrat in der Horizontalen; sie ist der Ausdruck eines körperlich-physiologischen und zugleich seelischen Kampfes zwischen den Kreis- und Quadratkräften. Und schließlich dringen nach dem neunten, zehnten Jahre die Arme des Kindes häufig in jenen Bereich ein, in welchem für den Erwachsenen das Höhenquadrat größer wird als der Gliedmaßenkreis, d. h. in den Bereich unter die Horizontale. Jetzt prädominieren die Blutkräfte gegenüber dem Atemleben, die Vier wird stärker als die Eins. Man sieht, wie Kantiges das Runde verdrängt, sowohl körperlich wie seelisch, ganz besonders dann, wenn das Kind zum Jüngling oder zur Jungfrau sich hin entwickelt. Das männliche Geschlecht allerdings ist viel stärker ergriffen von jenen kristallinen Gestaltungskräften. Der Mann ist, wie wir von RUDOLF STEINER wissen, stärker inkarniert als die Frau; die Frau bleibt ihrer Natur nach dem Kinde und damit auch dem Himmel näher. – Aus dieser Betrachtung könnte man sich denken, daß das Sinken unter die Horizontale eine allgemeine Erscheinung ist. Daß aber der erwachsene Mensch, welcher ja naturgegeben mehr von den unteren, d. h. den Stoffwechselbereichen bestimmt ist, eine meist ideale, d. h. streng horizontale Quadraturstellung hat, zeigt, daß hier eine höhere Harmonie der oberen und unteren Kräfte sich ausbildet. Die beschriebene dynamische Kräfteverlagerung gehört in den Mittelbereich der von den rhythmischen Kräften beherrschten Zeit zwischen dem Zahnwechsel und der Pubertät. Dahinein gehört auch das Pendeln um die Horizontale oder auch rhythmische sich Hineinbegeben in die Horizontale. Später wächst aus dem Naturzusammenhang ein mehr und mehr freies Dasein, zu dessen Erwerben der Leib die Grundlage bietet in seinen Maßen, in seinen Klängen.

Von der vierten Klasse an waren gut 70 % aller untersuchten Schüler in der Horizontalen oder darunter. Das Pendeln unter die Horizontale nahm bis zur sechsten Klasse bis auf 23 % zu. Messungen zwischen dem zwölften und zwanzigsten Lebensjahr wurden nur vereinzelte durchgeführt, so daß über das endgültige Finden der Horizontalen während der Pubertät, wie bereits erwähnt, keine Angaben gemacht werden können. Es scheint, daß gewisse Menschen das mit neun, zehn Jahren gefundene Maß der Quadratur in der Kreuzesstellung fürs Leben beibehalten, daß aber wohl viele das lange Zeit erreichte Maß wieder verlassen, um es dann nocheinmal neu und endgültig zu erwerben. Abweichungen findet man bei Erwachsenen fast nur, wenn krankhafte Zustände vorliegen, beispielsweise bei Leiden der Wirbelsäule. Wegen seiner Konstanz kann dieses Maß zu diagnostischen und prognostischen Zwecken Verwendung finden. Bei älteren Menschen wird es auch zum Maß für die Vitalität, die körperliche Frische, denn beim wirklich alten Menschen liegen die Fingerpunkte des Quadraturkreises unter der Horizontalen. Der älteste der ausgemessenen Personen war ein fünfundneunzigjähriger Mann. Die Verbindungsgerade seiner Quadratur-Fingerpunkte lag 3 cm unter der Horizontalen. Während der ganz junge Mensch als kleines Kind der Quadratur bei erhobenen Armen sich nähert, nähert sich ihr der alte Mensch bei leicht gesenkten Armen. So wie man beim kleinen Kinde noch den Weg vom Himmel herunter in diesem Bilde miterlebt, so beim alten Menschen dem Weg des Leibes zur Erde hin. Man erlebt gleichsam eine Bewegung vom Himmel über die Kreuzesstellung bis zur Erde hin, und kann in ihr wie eine Geste sehen dafür, daß die Erde aus den Himmeln heraus entstanden ist, und zwar durch den Menschen selber, durch seine Entwicklung. Und eine andere Wahrheit kann einem in dieser Geste der sich senkenden Arme bewußt werden, wenn man bedenkt, daß das viergliedrige Leibeswesen aus der Erde dem sich inkarnierenden kosmischen Menschen einst entgegengewachsen ist, nämlich diejenige, welche die Genesis mit den Worten ausspricht: «Denn du bist Erde und sollst wieder zu Erde werden». Nachdem die Erde aus kosmischen Bereichen, im Zusammenhang mit der Entwicklung des Menschen erschaffen war, wurde sie zur Trägerin, zur Gebärerin des irdischen Menschen und damit auch zum Schauplatz, auf welchem der Tod sich ereignet. Aber zu jener Rückbewegung zur Erde durch die sich senkenden Arme, ahnt man eine Gegenbewegung, ein Sich-Anheben der Arme im Seelisch-Geistigen, ein Flügelanheben.

3. Vom Wesen der Quadratur des Zirkels

So individuell das unbewußt-jugendliche Erwerben der Quadratur des Zirkels in den Leibesmaßen ist, so einheitlich und allgemeingültig ist deren Besitz beim Erwachsenen. Das Maß der Quadratur des Zirkels ist ja ein das Transzendente mit dem rational Erfaßbaren, d. h. das Übersinnliche mit dem Sinnlichen Verbindendes. Es ist der Garant dafür, daß der Mensch tauglich ist, sowohl im Leiblich-Irdischen als auch im Geistig-Überirdischen zu leben und sich in beiden Bereichen als ein Erkennender und als ein Schaffender zu bewähren. Oben wurde, im Zusammenhang mit dem Gedanken der Quadratur des Kreises als Kreuzigung der Seele, die geisteswissenschaftliche Wahrheit berührt, daß durch das Mysterium von Golgatha die Gefahr eines allmählichen Sterbens der Menschen in die Materie hinein, umgewendet worden ist in die Kraft des geisterfüllten und damit freien Stehenkönnens im physischen Leibe. Damit wird das alle Menschen prägende Maß der Quadratur des Kreises zum Zeichen, daß das Mysterium von Golgatha für alle Menschen vollzogen worden ist. So individuell aber das hier beschriebene Finden der Quadraturstellung in der Kreuzesebene ist, so individuell ist für jede Seele das Finden des Weges zu dem Christus. Ostern ist eben ein bewegliches Fest. Und weil auf diesem Wege jeder Schritt nur ein solcher sein kann, der in voller Freiheit ausgeführt ist, so ist das Abkommen vom Wege durch unfreies Schreiten sehr leicht möglich – dennoch kann der folgende Schritt zu jeder Zeit wieder ein freier sein. Der Weg der Freiheit führt dieserart geistig kontinuierlich durch das Leben und seinem Ziel entgegen, das heißt dem Ziele dessen, der ihn wandernd schafft.

So zieht auch das Maß der Quadratur des Kreises durch unser Leben, denn es ist in höherem Sinne ein Maß, das wir immer und zu jeder Zeit neu finden müßen; Besitz ist imgrunde nur die Möglichkeit, daß es gefunden werden kann. Aber wir sind am Morgen größer, am Abend kleiner, größer auch am Morgen des Lebens, kleiner gegen den Abend des Lebens zu, größer, wenn wir frisch, und kleiner, wenn wir müde sind – lauter naturbedingte Notwendigkeiten, die unser Maß beeinflussen. In allen Situationen des Lebens aber können wir, bei entsprechendem Bewußtsein, mit dem Geiste den Leib durchglühen und damit das Maß der Quadratur des Kreises in uns erwerben. Es ist dann in jeder Bewegung unseres Leibes darinnen.

Damit wird die Quadratur des Zirkels zum Maß des am Leibe erwachenden und dabei dessen Schwere überwindenden Menschentums. Diese wahre Quadratur des Zirkels ist einer Messung nicht mehr zugänglich. Sie kann nicht bewiesen, wohl aber erkannt werden. Wenn der Menschengeist in diesem Sinne den Leib ergreift und in ihm wirkt, so hat er in sich das Maß der Quadratur des Zirkels, ob sein Leib diesen Maßen entspricht oder nicht. Dieser Satz gilt auch dann, wenn der Leib diesen Maßen gar nie entsprochen hat. Die menschliche Physis *hat* dieses Maß in sich, ob es der Messung sich offenbart oder nicht; das verbürgt das Mysterium von Golgatha. Die Menschheit muß sich mit diesem Ereignis auch physisch verändert haben, so wie sich das Kind physisch verändert in seinem neunten, zehnten Lebensjahr. Man vergleiche in diesem Zusammenhang die Häupter der Griechen mit denjenigen der Römer. Die Entwicklung geht, der Tendenz nach, auf Verdichtung, auf Verkleinerung des Hauptes vom Griechentum zum Römertum hin. Dies spiegelt schon der Kopfschmuck als Ausdruck des inneren Wesens. Dieser ist z. B. bei dem Aegypter mächtig und noch wie verbindend das Haupt mit seiner alten geistigen Heimat; der Grieche zieht die Krone aus, wird irdischer, trägt aber noch schönes, künstlerisches Haupthaar, währenddem der Römer oft mit haarlosem, kugeligem Haupte erscheint.

Dies sind Bilder der Völker- und Menschheitsentwicklung vor dem Mysterium von Golgatha. Auch hier sieht man gleichsam die Arme herunter kommen und der Kreuzesstellung sich nähern; jetzt sind es die Arme der Menschheit. Aber so, wie die Entwicklung des Kindes nicht einfach biologisch-gesetzmäßig abläuft, sondern um das neunte, zehnte Lebensjahr in eine Krisis hineinführt, welche zu ihrer Heilung eines pädagogisch-menschlichen Aktes der Liebe bedarf, wenn die Entwicklung gesund weitergehen soll, so ist auch die Entwicklung der Menschheit nicht ein nur mit biologischer Notwendigkeit sich vollziehendes Geschehen, sondern ein Weg, welcher zur Krisis der Geistentfremdung geführt hat, aus der allein das heilende Ereignis von Golgatha heraushelfen konnte. Vielleicht hat der Mensch in der Zeitenwende das leibliche Maß der Quadratur des Zirkels erhalten und ist seither daran, dieses objektive Maß mit seinen Individualkräften zu erwerben. Er muß lernen zu lauschen auf die harmonisch ineinanderschlagenden Weltenrhythmen. Denn was ist zuletzt die Quadratur des Zirkels? Sie ist ein tönendes Maß in uns, durch welches jede physische Geste vom Geiste spricht.

Nach heutiger Ansicht kannten die alten Hebräer für die Kreiskonstante π nur den gröbsten Annäherungswert, nämlich $\frac{U}{D} = 3$. Dies wird klar begründet mit zwei Textstellen aus dem Alten Testament (1. Kön. 7, 23 und 2. Chron. 4, 2), in welchen von dem «Ehernen Meer» die Rede ist, einem großen kultischen Becken, das König Salomo durch Hiram hat gießen lassen. Dieses Becken, so heißt es dort, habe, wenn wir jene Worte in die Sprache der Geometrie übersetzen, einen Durchmesser gehabt von 10 Ellen und einen Umfang von 30 Ellen. Daraus liest man ab $\frac{U}{D} = \frac{30}{10} = 3$. Man nimmt damit an, daß der Künstler und Gußmeister Hiram mit seiner Meßschnur flüchtig gemessen hat. Wenn man aber genau liest, so vernimmt man etwas weiter hinten, daß die Dicke dieses «Meeres», dieses Beckens, eine Handbreite betrug und daß die Form desselben wie die einer offenen Blüte, einer Lilie war. Nimmt man als Durchmesser den Abstand von Außenrand zu Außenrand des Beckens und als Umfang den durch den Innenrand des Beckens gebildeten Kreis, so müßte ein wesentlich besserer Annäherungswert an π herauskommen. So sagte sich der Verfasser. Für ihn entsprach dies einer durchaus möglichen Interpretation dieser Texte. Er stellte dann die Formel auf: (10 Ellen minus 2 Handbreiten) $\cdot$ x = 30 Ellen. Allerdings ergab sich dann die Schwierigkeit, das rechte Maß für die damals verwendeten Ellen und Handbreiten in Erfahrung zu bringen. Da dies nicht möglich war, wurden eben die Maße des nächsten zur Verfügung stehenden Armes genommen. Es ergab sich dabei für das Maß der Elle (Ellbogen bis Mittelfingerspitze bei im Ellbogen abgewinkeltem Vorderarm) die Strecke von

47 cm und für das Maß der Handbreite (bei angelegtem Daumen auf Höhe der Daumenmitte gemessen) die Strecke von 10,6 cm. Diese Maße wurden eingesetzt und es resultierte für den Innenumfang ein Wert von $30 \cdot 47 = 1410$ cm, und für den Innendurchmesser ein Wert von $(10 \cdot 47) - (2 \cdot 10{,}6) = 448{,}8$ cm. Nun mußte sich herausstellen, wie genau Meister Hiram wirklich gemessen hatte! Es wurde gerechnet $x = \frac{U}{D} = \frac{1410}{448{,}8} = 3{,}14171\ldots$. Hiram war rehabilitiert. – Die Maße anderer männlicher Arme bestätigten dieses Resultat. Es ist nicht anzunehmen, daß es sich hier um Zufall handelt; natürlich muß man dies offen lassen. Eher könnte man sich vorstellen, daß das Wissen um das Geheimnis der Zahl π nur in verschlüsselter Form aus den Mauern der Tempel dringen durfte.

Außer dem beschriebenen «Ehernen Meer» wurde vor dem salomonischen Tempel auch ein Altar errichtet (siehe 2. Chron. 4, 1). Dieser hatte eine quadratische Form von 20 Ellen Seitenlänge und war 10 Ellen hoch. Es stand also vor dem salomonischen Tempel ein kreisförmiges und ein quadratisches Kultbauwerk. Dazu soll nur bemerkt werden, daß die aus obigen Maßen leicht zu errechnenden vier Raumdiagonalen des Altars die gleiche Länge hatten wie der Beckenumfang, nämlich 30 Ellen.

Links und rechts des Tempels stand eine Säule mit einem Knauf. Der Chronist (2. Chron. 3, 15) gibt als Höhe dieser Säulen 35 Ellen an und für die Höhe der auf ihnen befindlichen Knäufe 5 Ellen. Man sieht, es handelt sich um die Maße des Menschen, denn es verhält sich der Knauf zu der Säule, wie der Kopf zum Leib, d. h. wie 1:7. RUDOLF STEINER sagt zu diesen Säulen, welche die Namen Jakin und Boas tragen, und die auch im vierten Bilde der Apokalypse des Johannes erscheinen, daß sie geistig am Anfang und am Ende des menschlichen Lebens stehen und Bilder seien des roten und blauen Blutbaumes im Menschen. Dieser Tempel ist wie ein räumlich und zeitlich auseinandergelegter Mensch. Es hatten also diese Säulen eine Gesamthöhe von 40 Ellen. Errechnet man mit den Formeln dieser Schrift die Höhe h_Q jener Säulen-Menschenbilder, d. h. die Höhe imaginärer Arme in imaginärer Kreuzesstellung, so kommt man auf 33 Ellen. Im Buche der Könige haben diese Säulen andere Maße. Da hat man es zu tun mit dem Kopf-Leibes-Verhältnis eines kleinen Kindes.

*

In der Frühzeit der griechischen Kultur trat der Mensch aus dem alten dämmerhaften Schauen der Bereiche des Ewigen heraus, und erwachte in dem Bewußtsein, welches sich am räumlich-zeitlichen Geschehen orientiert. Das Unendliche, in welchem früher seine Seele träumend lebte, trat jetzt in sein Bewußtsein, und zwar als ein Aspekt des Unbegreiflichen, das der Welt zugrunde lag. Ganz besonders trat ihm dieses Unbegreifliche entgegen, wenn er Kreisförmiges, Krummliniges in Geradliniges verwandeln wollte. Die einen Denker spürten, daß solche Aufgaben in die Bereiche des Irrationalen führten und daher rational nicht zu lösen waren; die anderen glaubten, es läge an der Unvollkommenheit der Methoden, daß eine rationale Lösung für Aufgaben dieser Art bisher nicht gefunden worden sei. – Aus jener Zeit tönen drei Aufgaben durch die Jahrhunderte bis zu uns herüber: die Dreiteilung des Winkels, die Verdoppelung des Würfels und die Qudratur des Kreises. Im

Sinne dieser Schrift kann man sehen, daß der räumlich-zeitliche Mensch selber das Maß war, an welchem solche Aufgaben gemessen werden sollten. Die Bedingungen Euklids für die Durchführung der Quadratur des Kreises galt auch für die anderen Aufgaben; man durfte ausschließlich Lineal und Zirkel verwenden, und mußte das Ziel in einer begrenzten Anzahl von Schritten erreichen. Diese Bedingungen aber sind nichts anderes als die menschlichen Prinzipien, nämlich die Länge des Leibes oder einer seiner Teile, die durch Gelenke bedingte Kreiskraft der Glieder, und die durch die Geburt und den Tod begrenzte Anzahl der Schritte auf der Erde. Unter diesen Bedingungen sind alle drei der genannten Aufgaben unlösbar. Damit waren bei der Geburt des eigenständigen menschlichen Denkens, das in die Geistentfremdung hineinzuführen drohte, drei Aufgaben hingestellt, die selbst das Rätsel des Menschen darstellen. Das Unterpfand dieser Aufgaben war die verborgene Tatsache, daß sie nur aus dem Irrationalen, aus dem Geistigen heraus lösbar waren. Der Mensch mußte sich dereinst wiedereinmal erinnern, daß er in Wahrheit ein geistiges Wesen ist, und daß das Menschenrätsel nur mit dem Blick auf das Geistige zu lösen ist. Das Menschenrätsel hat in Wahrheit drei Aspekte, ist doch der Mensch ein denkendes, fühlendes und wollendes Wesen. Versucht man in die Tiefen dieser drei Aufgaben zu dringen, so kann man erkennen, daß auch sie aus drei Richtungen auf den Menschen weisen. Die Quadratur des Zirkels hat unter diesen drei Weltenbildern eine besondere Stellung, denn sie spricht von der einenden Kraft der Mitte.

*

Die in dieser Schrift erwähnte Zeichnung des Menschen im Quadrat und im Kreis von LEONARDO DA VINCI stammt etwa aus den neunziger Jahren des 15. Jahrhunderts. Wenige Jahrzehnte später hat ALBRECHT DÜRER dieselben Gesetze entdeckt und sie in seiner 1528 erschienenen Proportionenlehre publiziert. LEONARDO hat mit seiner Darstellung des Menschen ein Zeichen in die Welt gesetzt, in welchem durch das Gesetz des Maßes die göttlich-geistige Welt hindurchleuchtet. DÜRER beschreibt Gesetzmäßigkeiten der menschlichen Proportionen zur Hilfe für die bildliche Darstellung von Menschengestalten. Eine Art von Umkehr der Blickrichtung hat sich ereignet. Das Göttliche wird menschlich. Weltengesetze werden zu gemüthaftem und innigem Erleben. Dies tönt einem schon aus dem Titel des DÜRER'schen Werkes entgegen: «Hirinn sind begriffen vier bücher von menschlicher Proportion, durch Albrechten Dürer von Nürenberg erfunden und beschriben, zu nutz allen denen, so zu diser kunst lieb tragen.» Zwei der hier interessierenden Stellen seien wiedergegeben; in ihnen wird auf Abbildungen Bezug genommen. «Dieser man wenn er sein hend kreutzweiß gestrakes auß streckt so macht er ein fierung als lang er ist als preyt reycht er.» Und später: «Wenn du disem man sein arm auß stregst vnnd als hoch erhebst als lang er ist, vnnd setzt dann den einen fuß des zirckels in sein nabel, so vmbreystu in mit dem andern fuß in zirckel weyß.»

Bei diesem von DÜRER beschriebenen Kreis, welcher dem von LEONARDO DA VINCI gezeichneten entspricht, sowie demjenigen des fünften Bildes von AGRIPPA VON NETTESHEIM, ist der Mittelpunkt anatomisch klar definiert. Für den etwas tiefer gelegenen Mittelpunkt des Quadraturkreises aber findet sich weder äußerlich am Leibe noch im Innern eine physische Marke. Dieser Punkt bleibt physisch ungeboren.

ANHANG

Tabelle zur Ermittlung der Mittelfingerhöhe in Quadraturstellung der Arme (h_Q) bei bekannter Körpergröße (H).

Die hier angegebenen Werte für h_Q entsprechen dem Genauigkeitsgrad von Körpermessungen. In den Formeln auf S. 40 eingesetzt, ergeben sie ein π mit einer Genauigkeit von zwei Dezimalstellen. $H \cdot 0{,}8255512$ ergibt ein h_Q, welches, in jenen Formeln eingesetzt, zu einem auf sieben Dezimalstellen genauen π führt.

H	h_Q	H	h_Q	H	h_Q
40	33,0	51	42,1	62	51,2
40,5	33,4	51,5	42,5	62,5	51,6
41	33,8	52	42,9	63	52,0
41,5	34,3	52,5	43,3	63,5	52,4
42	34,7	53	43,7	64	52,8
42,5	35,1	53,5	44,2	64,5	53,2
43	35,5	54	44,6	65	53,7
43,5	35,9	54,5	45,0	65,3	54,1
44	36,3	55	54,4	66	54,5
44,5	36,7	55,5	45,8	66,5	54,9
45	37,1	56	46,2	67	55,3
45,5	37,6	56,5	46,6	67,5	55,7
46	38,0	57	47,0	68	56,1
46,5	38,4	57,5	47,5	68,5	56,6
47	38,8	58	47,9	69	57,0
47,5	39,2	58,5	48,3	69,5	57,4
48	39,6	59	48,7	70	57,8
48,5	40,0	59,5	49,1	70,5	58,2
49	40,5	60	49,5	71	58,6
49,5	40,9	60,5	49,9	71,5	59,0
50	41,3	61	50,4	72	59,4
50,5	41,7	61,5	50,8	72,5	59,9

H	h_Q	H	h_Q	H	h_Q
73	60,3	87,5	72,2	102	84,2
73,5	60,7	88	72,6	102,5	84,6
74	61,1	88,5	73,0	103	85,0
74,5	61,5	89	73,5	103,5	85,4
75	61,9	89,5	73,9	104	85,9
75,5	62,3	90	74,3	104,5	86,3
76	62,7	90,5	74,7	105	86,7
76,5	63,2	91	75,1	105,5	87,1
77	63,6	91,5	75,5	106	87,5
77,5	64,0	92	76,0	106,5	87,9
78	64,4	92,5	76,4	107	88,3
78,5	64,8	93	76,8	107,5	88,7
79	65,2	93,5	77,2	108	89,2
79,5	65,6	94	77,6	108,5	89,6
80	66,0	94,5	78,0	109	90,0
80,5	66,5	95	78,4	109,5	90,4
81	66,9	95,5	78,8	110	90,8
81,5	67,3	96	79,3	110,5	91,2
82	67,7	96,5	79,7	111	91,6
82,5	68,1	97	80,1	111,5	92,0
83	68,5	97,5	80,5	112	92,5
83,5	68,9	98	80,9	112,5	92,9
84	69,3	98,5	81,3	113	93,3
84,5	69,8	99	81,7	113,5	93,7
85	70,2	99,5	82,1	114	94,1
85,5	70,6	100	82,6	114,5	94,5
86	71,0	100,5	83,0	115	94,9
86,5	71,4	101	83,4	115,5	95,4
87	71,8	101,5	83,8	116	95,8

H	h_Q	H	h_Q	H	h_Q
116,5	96,2	131	108,2	145,5	120,1
117	96,6	131,5	108,6	146	120,5
117,5	97,0	132	109,0	146,5	120,9
118	97,4	132,5	109,4	147	121,4
118,5	97,8	133	109,8	147,5	121,8
119	98,2	133,5	110,2	148	122,2
119,5	98,7	134	110,6	148,5	122,6
120	99,1	134,5	111,0	149	123,0
120,5	99,5	135	111,5	149,5	123,4
121	99,9	135,5	111,9	150	123,8
121,5	100,3	136	112,3	150,5	124,2
122	100,7	136,5	112,7	151	124,7
122,5	101,1	137	113,1	151,5	125,1
123	101,5	137,5	113,5	152	125,5
123,5	102,0	138	113,9	152,5	125,9
124	102,4	138,5	114,3	153	126,3
124,5	102,8	139	114,7	153,5	126,7
125	103,2	139,5	115,2	154	127,2
125,5	103,6	140	115,6	154,5	127,6
126	104,0	140,5	116,0	155	128,0
126,5	104,4	141	116,4	155,5	128,4
127	104,9	141,5	116,8	156	128,8
127,5	105,3	142	117,2	156,5	129,2
128	105,7	142,5	117,6	157	129,6
128,5	106,1	143	118,0	157,5	130,0
129	106,5	143,5	118,5	158	130,5
129,5	106,9	144	118,9	158,5	130,9
130	107,3	144,5	119,3	159	131,3
130,5	107,7	145	119,7	159,5	131,7

H	h_Q	H	h_Q	H	h_Q
160	132,0	173,5	143,3	187	154,4
160,5	132,5	174	143,7	187,5	154,8
161	132,9	174,5	144,1	188	155,2
161,5	133,3	175	144,5	188,5	155,6
162	133,7	175,5	144,9	189	156,0
162,5	134,1	176	145,3	189,5	156,4
163	134,5	176,5	145,7	190	156,9
163,5	135,0	177	146,1	190,5	157,3
164	135,4	177,5	146,5	191	157,7
164,5	135,8	178	146,9	191,5	158,1
165	136,2	178,5	147,4	192	158,5
165,5	136,6	179	147,8	192,5	158,9
166	137,0	179,5	148,2	193	159,3
166,5	137,4	180	148,6	193,5	159,7
167	137,9	180,5	149,0	194	160,2
167,5	138,3	181	149,4	194,5	160,6
168	138,7	181,5	149,8	195	161,0
168,5	139,1	182	150,3	195,5	161,4
169	139,5	182,5	150,7	196	161,8
169,5	139,9	183	151,1	196,5	162,2
170	140,3	183,5	151,5	197	162,6
170,5	140,8	184	151,9	197,5	163,0
171	141,2	184,5	152,3	198	163,5
171,5	141,6	185	152,7	198,5	163,9
172	142,0	185,5	153,1	199	164,3
172,5	142,4	186	153,6	199,5	164,7
173	142,8	186,5	154,0	200	165,1